# 캐티 리의
# 병원 영어 회화

# 캐티 리의
# 병원 영어 회화

**저 자** Cathy Lee
**발행인** 고본화
**발 행** 반석출판사
2023년 3월 15일 초판 1쇄 인쇄
2023년 3월 20일 초판 1쇄 발행
**홈페이지** www.bansok.co.kr
**이메일** bansok@bansok.co.kr
**블로그** blog.naver.com/bansokbooks

07547 서울시 강서구 양천로 583. B동 1007호
(서울시 강서구 염창동 240-21번지 우림블루나인 비즈니스센터 B동 1007호)
**대표전화** 02) 2093-3399  **팩 스** 02) 2093-3393
**출 판 부** 02) 2093-3395  **영업부** 02) 2093-3396
**등록번호** 제315-2008-000033호

Copyright ⓒ Cathy Lee

ISBN 978-89-7172-967-0 (13740)

# 캐티 리의
# 병원 영어 회화

반석출판사
**Bansok**

　　병원 영어를 접하게 되는 상황에 처한 모든 분들과 간호학을 공부하는 학생들이 병원 영어에 대한 두려움을 조금이라도 덜 수 있도록 집필하고 책을 펴낸 지도 꽤 오랜 세월이 흘렀습니다. 그동안 많은 분들에게 조금이라도 도움이 되었다면, 힘들게 병원 영어에 관한 책을 만들기 위해 애를 쓴 모든 분이 나름의 보람을 느끼지 않을까 생각해 봅니다.

　　우리는 요즈음, "세계는 하나"라는 슬로건을 내세우며 살아갑니다. 그러므로 영어는 선택이 아닌 필수 언어가 되었다고 해도 과언이 아니라 여겨집니다. 그와 같이 병원 영어도 필수적으로 알아두면 세계 어디를 가나, 많은 도움을 받을 수 있으리라 생각합니다. 통증 표현은 의료진이 병을 보다 정확히 진단하는 데 매우 중요한 지표입니다. 모든 분들이 이 책을 통하여 본인의 통증 표현을 어느 정도 잘할 수 있으면 좋겠다는 생각이 듭니다.

　　우리 인체의 기능을 생각하면 신비롭고 경이롭습니다. 그런데 본인도 모르는 사이에 그 신비로운 기능이 어느 날 병이 들어서 제구실을 못하며 우리를 힘들게 합니다. 우리 신체 내부 장기의 기능 상실과 거기에서 파생되는 고통을 경감시키기 위해 우리는 부단한 노력을 기울이고 있습니다. 그 어려운 과정에 여러 분야의 의료진이 동참하게 되는데 특히 "백의의 천사"라고 불리는 많은 간호사분들이 일선에서 힘들게 일하며 환자를 치료하고 간호합니다. 모든 간호사분의 노고에 존경과 감사의 마음을 전합니다.

　　그리고 간호학을 전공하는 학생들의 빛나는 미래에 본 저자가 동참하게 되어 무한한 기쁨을 느낍니다. 부록에 첨부한 간호사의 여러 가지 세분화된 직업 종류를 고려해 보건대 우리 같은 간호사 직업이 얼마나 소중한지 절실하게 느끼는 동시에 많은 분야에서 전문 직업인으로서 떳떳하게 자리매김하고 있음을 알 수 있습니다. 간호사들은 병원과 클리닉에서 환자의 치료에 동참하고 간호를 하는 것에 국한되지 않고 지역사회에서 국민의 건강관리와 질병 예방에 앞장서서 환자와 환자의 가족 건강 교육을 담당하며, 학교에서는 학생들의 건강관리, 직장에서는 직원들의 건강관리와 안전 예방에 헌신하는 일원이 되어 일하고, 또한 신약개발과 새로운 치료 개발에 중요한 일원으로도 일을 합니다. 간호학이라는 전문 과목이 전문인으로서 많은 사람들의 건강을 책임지는 위치에서 각자가 더욱 나은 의료 지식을 꾸준히 성장시킬 수 있는 중요 선택 중에 하나라고 생각합니다.

　　다시 한번 더 독자 여러분께 진심으로 감사드리며 특히 의료 전문인의 꿈을 하나하나씩 차근차근 펼쳐 나가고 있는 분들의 앞날에 밝은 미래가 활짝 열리기를 간절히 소망합니다.

*Cathy Lee*

캘리포니아주 실리콘밸리에서

이 책은 2부로 구성되어 있습니다.

1부는 '건강 증상의 표현'입니다. 병이 생겼을 때 빠르고 정확하게 의료 서비스를 받을 수 있도록 통증과 관련된 표현부터 의료 서비스 예약, 병원 입원, 각종 검사, 수술과 관련한 환자의 질문 및 표현 등을 수록하였습니다.

2부는 '건강 관리'입니다. 1부에서 다룬 내용을 좀 더 보강하고 폭넓고 다양한 내용을 추가하였습니다. 두통, 소화기 계통 문제, 호흡기 계통에 관한 문제 등 각종 신체 부위에서 발생되는 건강상의 문제를 표현하는 예문과 실제 의료진들과 어떻게 소통하는지 보여주는 여러 대화문을 수록하였습니다.

본인이 직접 증상을 느끼고, 문제를 알아차렸다면 그것을 의료진에게 전달하는 것은 매우 중요합니다. 그리고 의료진이 요구하는 것과 그들이 전달하는 정보를 이해해야, 즉 증상과 관련해서 원활하게 의사소통을 할 수 있어야 제대로 된 도움을 받을 수 있습니다. 실제 상황에서 자주 사용하는 표현과 대화를 통해 병원을 이용하는 데 불편함과 소통 부재에서 오는 불안감을 줄일 수 있을 것입니다.

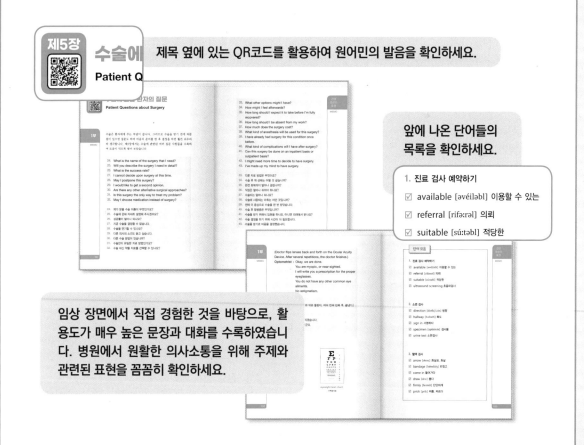

제목 옆에 있는 QR코드를 활용하여 원어민의 발음을 확인하세요.

앞에 나온 단어들의 목록을 확인하세요.

임상 장면에서 직접 경험한 것을 바탕으로, 활용도가 매우 높은 문장과 대화를 수록하였습니다. 병원에서 원활한 의사소통을 위해 주제와 관련된 표현을 꼼꼼히 확인하세요.

# 목차

# Check the Sentence

## 1 통증의 특징*(Quality of pain)*

Doctor : What kind of pain do you have?
Patient : I have **throbbing pains** in my **knees**.

의사 : 어떤 통증을 느끼시죠?
환자 : 양쪽 무릎이 욱신욱신 쑤시며 아픕니다.

• I have 통증의 특징 in my 신체 부위.

## 2 통증의 강도*(Intensity of Pain)*

Doctor : How is your pain?
Patient : I have **mild** pain.

의사 : 통증은 어떠합니까?
환자 : 약간 통증이 있습니다.

• I have 통증의 강도 pain.

## 3 통증의 부위*(Location of Pain)*

Doctor : Where do you have pain?
Patient : I have a burning pain in my **stomach**.

의사 : 어디가 아프십니까?
환자 : 속이 쓰리고 아픕니다.

• I have a burning pain in my 신체 부위.

MEMO

## 4 통증의 기간(Duration of Pain)

Doctor : How long have you had pain?
Patient : I have had pain for **one week**.

의사 : 얼마나 오래 통증이 있었습니까?
환자 : 일주일 동안 아팠습니다.

• I have had pain for 기간.

## 5 통증의 빈도(Frequency of Pain)

Doctor : How often have you had pain?
Patient : I have had pain **twice this week**.

의사 : 얼마나 자주 아프십니까?
환자 : 이번 주에 두 번 아팠습니다.

• I have had pain 빈도.

## 6 동반 증상(Accompanying Symptom)

Doctor : Have you had any other symptoms with your headache?
Patient : I have had **fever**.

의사 : 두통이 있으면서 다른 증상이 있었습니까?
환자 : 열이 있었습니다.

• I have had 동반 증상.

## 7 통증의 변화(Variation of Pain)

Doctor : When is your pain at its worst?
Patient : **At night**.

의사 : 언제 통증이 심합니까?
환자 : 밤입니다.

• 시기

전면(Front)

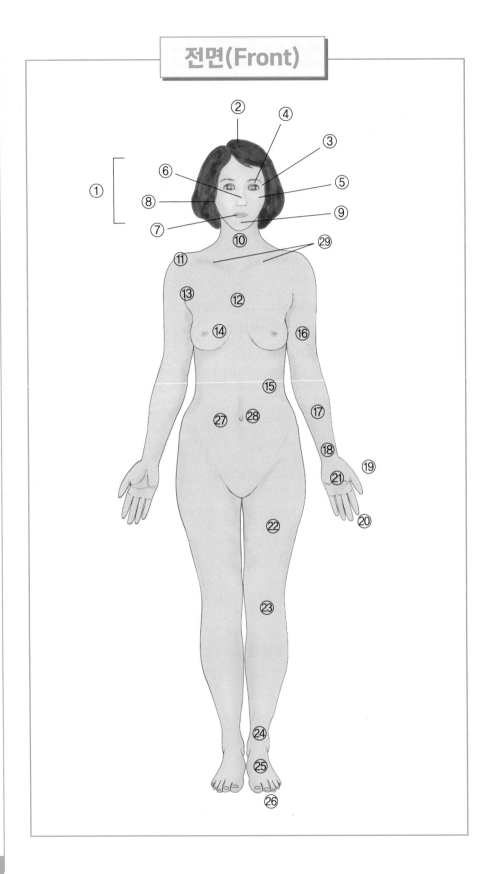

1. Face [feis] 얼굴

2. Head [hed] 머리

3. Eye [ai] 눈

4. Eyelid [áilid] 눈꺼풀

5. Cheek [tʃi:k] 뺨

6. Nose [nouz] 코

7. Mouth [mauθ] 입

8. Ear [iər] 귀

9. Chin [tʃin] 턱

10. Neck [nek] 목

11. Shoulder [ʃóuldər] 어깨

12. Chest [tʃest] 가슴

13. Armpit [á:rmpit] 겨드랑이

14. Breast [brest] 유방

15. Waist [weist] 허리

16. Upper arm [ˈʌpər arm] 위쪽 팔(상박)

17. Forearm [fó:ràrm] 아래쪽 팔

18. Wrist [rist] 손목

19. Hand [hænd] 손

20. Finger [fíŋgər] 손가락

21. Palm [pa:m] 손바닥

22. Thigh [θai] 허벅지

23. Knee [ni:] 무릎

24. Ankle [ǽŋkl] 발목

25. Foot [fut] 발

26. Toe [tou] 발가락

27. Abdomen/Tummy
[ǽbdəmən/tʌ́mi] 배

28. Navel/Belly button
[néiv(ə)l/bélibʌ́tn] 배꼽

29. Collarbone [kálərbòun]
빗장뼈

후면(Back)

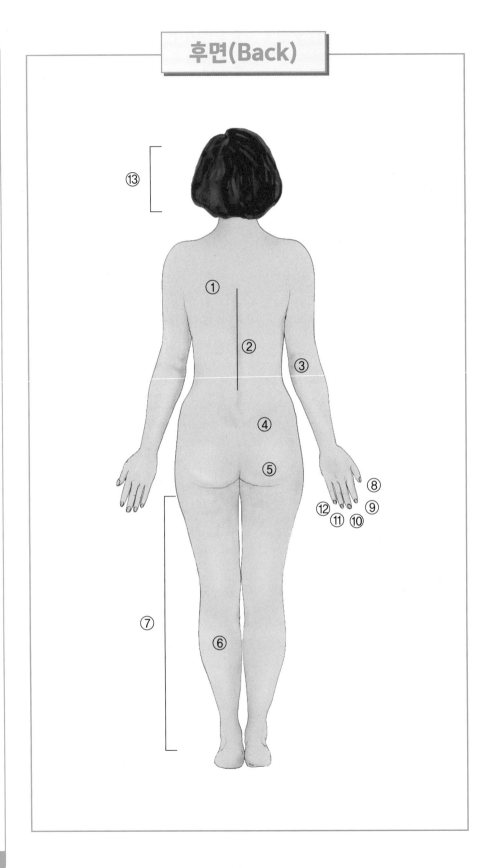

1. Back [bæk] 등

2. Back bone/Spine [bǽkbòun/spain] 등뼈

3. Elbow [élbou] 팔꿈치

4. Hip [hip] 위쪽 엉덩이

5. Buttock [bʌ́tək] 아래쪽 엉덩이

6. Calf [kaf] 장딴지

7. Leg [leg] 다리

8. Thumb [θʌm] 엄지

9. Index finger [índeks fiŋgər] 검지

10. Middle finger [mídl fiŋgər] 셋째 손가락

11. Ring finger [ríŋ fiŋgər] 넷째 손가락

12. Pinky/little finger [píŋki/lítl fiŋgər] 다섯째 손가락

13. Hair [hɛər] 머리카락

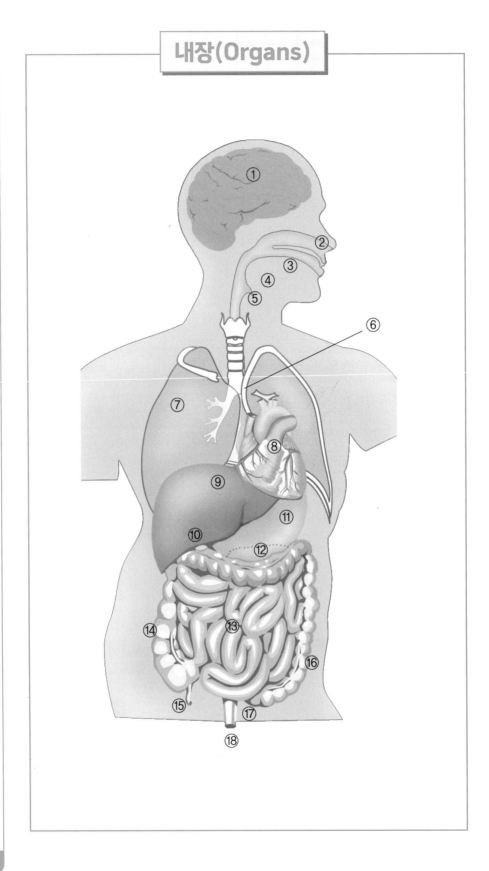

내장(Organs)

MEMO

1. Brain [brein] 뇌

2. Nasal Cavity [néizl kǽviti] 후비강

3. Pharynx [fǽriŋks] 인두

4. Larynx [lǽriŋks] 후두

5. Esophagus [isófəgəs] 식도

6. Bronchus [bróŋkəs] 기관지

7. Lung [lʌŋ] 폐

8. Heart [haːrt] 심장

9. Liver [lívər] 간

10. Gallbladder [gɔ́ːlblǽdər] 담낭

11. Stomach [stʌ́mək] 위

12. Pancreas [pǽŋkriːəs] 췌장

13. Small Intestine [smɔːl intéstin] 소장

14. Large Intestine/Colon [laːrdʒ intéstin/kóulən] 대장

15. Appendix [əpéndiks] 충수

16. Sigmoid Colon [sígmɔid kóulən] S상결장

17. Rectum [réktəm] 직장

18. Anus [éinəs] 항문

# 제 1 부

# 건강 증상의 표현

## Comments about Health Symptoms

제 1부에서는 우리의 건강 문제들에 관한 표현들을 다루고 있습니다.

인체는 이상이 생기면 우리에게 여러 가지 방법으로 그것을 알려줍니다. 때론 조용히 병이 들기도 하지만 대부분의 경우에 인체는 통증을 수반하거나 각종 증상으로 본인이 직접 보고 느끼며 문제를 알아차리게 됩니다. 자각 증상으로 발견한 문제를 부위별로 잘 표현해서 의료진에게 전달하는 것은 매우 중요합니다. 그러나 이런 각종 증상들을 영어로 표현한다는 것은 쉽지만은 않으리라 생각됩니다. 실제 상황에서 이러한 대화가 어떻게 이루어지는지 알아봄으로써 건강 및 병원 생활영어에 큰 도움을 받을 수 있을 것입니다.

우리 자신은 신체의 주인이며 또한 관리자입니다. 초기에 문제를 발견할 수 있도록 노력하고 의료진과 끊임없는 상담으로 건강을 지키는 노력을 아끼지 않아야합니다.

# 제1장

# 통증에 관한 일반적인 표현
## Commonly Used Phrases Relating to Pain

### 통증의 특징에 관한 대화
*Conversation about Quality of Pain*

통증의 특징은 병을 진단하는 데 중요한 역할을 합니다. 통증의 특징, 강도, 부위, 기간, 빈도 그리고 동반 증상 등으로 어떤 문제가 생겼는지 알 수 있습니다. 제일 먼저 통증에 관한 특징에는 어떤 것이 있는지 살펴보면서 A와 B 두 사람의 대화를 들어보시겠습니다.

A : What's the matter with you? Are you sick?
B : Yes. I'm sick.
A : Where does it hurt?
B : My stomach hurts.
A : What kind of pain do you have?
B : I just have pain in my stomach.

A : 무슨 일이야? 어디 아프니?
B : 응. 그런 것 같아.
A : 어디가 아픈데?
B : 배가 아파서 그래.
A : 배가 어떻게 아픈데?
B : 그냥 배가 아파.

B의 대답이 애매 모호해서 A가 답답하리라 생각이 듭니다. 만일 B가 "속이 쓰리고 아파"라고 대답을 했다면, A는 위산 과다라든가 소화불량 이라든가 대충 짐작을 할 수가 있었겠지요. 그러므로 아프다는 표현을 좀더 자세히 설명을 하면 의료진이 이해하기가 쉬우리라 생각되며, 또한 우리 자신도 본인의 문제를 속 시원히 전달하므로 만족감도 느낄 수 있 으리라 생각합니다. 그러면 통증의 특징들을 살펴보겠습니다.

통증의 특징을 어떻게 표현할까요?
이럴 경우, I have 또는 I feel로 시작되는 문장이나, 신체 부위를 주어로 하여 'My 신체 부위 hurt(s).'등으로 대화를 만들 수 있습니다.

예를 들면,

**"I have** a burning pain **in my** stomach.**"**
나는 위가 쓰리고 아픕니다.

**"My back is** sore.**"**
제 등이 아픕니다.

또는

**"My** stomach **hurts.**"
위가 아파요.

**sore throat**
목이 아픈

등으로 표현할 수 있습니다.

그러면 지금부터 각종 통증의 특징을 가지고 대화를 해 보겠습니다.
통증의 특징을 표현할 때는 have나 feel 동사를 사용합니다.

I have (feel) + 통증의 특징 + in my + 신체 부위

an acute pain 급성 통증

a sharp pain 날카롭게 쑤시는 듯한 통증

a dull pain 둔한 통증

a tearing pain 찢어지는 듯한 통증

a continuous pain 계속되는 통증

a piercing pain 찌르는 듯한 통증

a shooting pain 쑤시는 듯한 통증

a throbbing pain 욱신욱신 쑤시는 듯한 통증

a cramping pain 쥐어짜는 듯한 통증

an aching pain 아픈 통증

a pricking pain 날카롭게 찌르는 듯한 통증

a pulling pain 잡아당기는 듯한 통증

a tenderness pain 건드리면 아픈 통증

## 2 통증의 강도에 관한 대화
### *Conversation about Intensity of Pain*

통증의 강도는 mild(약한), moderate(보통의) 그리고 severe(심한) 정도로 표현해서 대화를 엮어갑니다.

Doctor : How is your pain?

Patient : I have mild pain nowadays.

I have moderate pain nowadays.

I have severe pain nowadays.

My pain is worse nowadays.

의사 : 통증은 어떻습니까?

환자 : 요즈음은 통증이 약합니다.

요즈음에는 통증이 보통입니다.

요즈음에는 통증이 아주 심합니다.

요즈음에는 통증이 심합니다.

## 3 통증의 부위에 관한 대화

*Conversation about Location of Pain*

통증의 부위를 잘 나타내서 문제를 알립니다.

**Doctor** : Where do you have pain?

**Patient** : I have throbbing pains in my knees.

**Doctor** : Can you point to the location of your stomach pain?

**Patient** : It is just below my right ribs.

**Doctor** : Do you have a headache?

**Patient** : I have a splitting headache on the left side of my head.

의사 : 어디가 아프십니까?

환자 : 양쪽 무릎이 욱신욱신 쑤시며 아픕니다.

의사 : 복통이 어디에 있습니까?

환자 : 오른쪽 갈비뼈 밑입니다.

의사 : 두통은 있습니까?

환자 : 왼쪽 골이 쪼개지는 것 같습니다.

# 4 통증의 기간에 관한 대화

*Conversation about Duration of Pain*

아픈 기간은 얼마나 되는지 몇 일, 일주일, 한 달 등으로 얼마나 지속되고 있는지를 표현합니다.

**Doctor** : How long have you had pain?

**Patient** : I have had pain for one week.

**Doctor** : How long have you had a stomach problem?

**Patient** : Maybe for a few months.

**Doctor** : How long have you had back pain?

**Patient** : I have had back pain probably over two years.

의사 : 얼마나 오래 통증이 있었습니까?

환자 : 대략 일주일입니다.

의사 : 위장병을 앓으신 지 얼마나 됩니까?

환자 : 아마 몇 달 된 것 같습니다.

의사 : 허리는 얼마나 편찮으셨나요?

환자 : 대략 두 해 넘게 허리가 아팠습니다.

# 5 통증의 빈도에 관한 대화

*Conversation of Frequency of Pain*

통증의 빈도는 하루나 일주일 등 몇 번이나 자주 있었는지를 표현할 수 있습니다.

**Doctor** : How often do you have shoulder pain?
**Patient** : I have it several times a day.
**Doctor** : Have you had chest pain this week?
**Patient** : Yes, once this week.
**Doctor** : Have you had a stomachache today?
**Patient** : Early this morning and again now.

**의사** : 어깨는 얼마나 자주 아프십니까?
**환자** : 하루에 몇 차례씩 아픕니다.
**의사** : 이번 주에 가슴에 통증이 있었습니까?
**환자** : 이번 주에 한 번 있었습니다.
**의사** : 오늘 복통이 있었습니까?
**환자** : 아침 일찍 아팠고 지금 아픕니다.

**chest pain**
가슴통증

23

## 6 통증과 함께 동반된 다른 증상에 관한 대화
*Conversation about Accompanying Symptoms with Pain*

주요 증상과 함께 다른 증상들이 동반하는 경우에 표현하는 대화입니다.

Doctor : Have you had any other symptoms with your headache?

Patient : I've had a fever.

Doctor : Did you have any other symptoms with your stomachache?

Patient : I had nausea and vomiting.

Doctor : Do you feel any other symptoms with your chest pain?

Patient : I feel nauseous.

의사 : 두통이 있으면서 다른 증상도 있었습니까?

환자 : 열이 같이 있었습니다.

의사 : 복통이 있고 다른 증세도 있었나요?

환자 : 메스꺼움과 구토증이 있었습니다.

의사 : 가슴 통증과 함께 다른 증상이 있나요?

환자 : 구토증이 있습니다.

**headache**
두통

# 7 그 외 각종 대화

*Conversation of Other Cases*

각종 대화를 통하여 여러 가지 표현을 살펴보겠습니다.

**Doctor :** How is your pain?

**Patient :** My pain comes and goes at intervals.

I had mild pain yesterday, but I have more severe pain today.

I've stayed in bed all day long because I've had terrible pain since yesterday.

I'm very tired now. I couldn't sleep at all last night because my pain made me wake up several times.

I took a pain killer and walked around the living room. After that my pain was a little relieved.

의사 : 통증은 어떻습니까?

환자 : 통증이 있다 없다 합니다.

어제는 약했는데 오늘은 아주 심합니다.

어제부터 통증이 심해서 하루 종일 침대에 누워서 지내고 있습니다.

저는 지금 매우 피곤합니다. 지난밤에 통증 때문에 여러 번 깨서 잠을 이룰 수 없었습니다.

진통제를 복용하고 거실을 걸었습니다. 그후에 통증이 약간 가라앉았습니다.

Doctor : When is your pain at its worst?

Patient : At night.

Doctor : Did your pain recently become worse?

Patient : Two days ago, my pain became worse.

Doctor : Is your pain only localized in your chest?

Patient : No. My chest pain radiates out to my left arm.

Doctor : Do you feel any pain if I rub your tummy?

Patient : No. I do not feel any pain when you do that.

Doctor : Do you feel any pain if I press on your tummy?

Patient : Yes, I feel more pain if you do that.

Doctor : Which position makes you feel better?

Patient : If I bend my body, I get a little relief from the pain.

Doctor : What makes the pain increase?


의사 : 언제 통증이 심합니까?

환자 : 밤에 심합니다.

의사 : 근래 심한 통증이 있었습니까?

환자 : 이틀 전에 심했습니다.

의사 : 통증은 가슴 한 곳에 국한되어 있나요?

환자 : 아니요. 가슴의 통증이 왼팔까지 뻗치는 것 같습니다.

의사 : 배를 문지르면 통증이 있습니까?

환자 : 아니요. 배를 문질러도 통증은 없습니다.

의사 : 배를 누르면 아픈가요?

환자 : 네, 그렇게 하면 통증이 더 심합니다.

의사 : 어떤 자세가 통증을 완화시키나요?

환자 : 몸을 구부리면, 통증이 완화됩니다.

의사 : 무엇이 통증을 증가시킵니까?

**Patient :** If I'm hungry, I feel more pain.

**Doctor :** Have you had any other symptoms accompanying with your pain?

**Patient :** I have had nausea.

**Doctor :** Do you sleep well?

**Patient :** No. My pain makes me wake up several times at night.

**Doctor :** How is your appetite?

**Patient :** I've lost my appetite since I've had pain.

**Doctor :** How have you been over the past few weeks?

**Patient :** I have been nervous and unable to concentrate on my regular work.

**Doctor :** How do you feel now?

**Patient :** I feel better now.


**환자 :** 배가 고프면, 속이 더욱 쓰립니다.

**의사 :** 통증과 수반되는 다른 증세가 있었습니까?

**환자 :** 메스꺼움이 있습니다.

**의사 :** 잠은 잘 잡니까?

**환자 :** 아니요. 통증으로 밤중에 여러 번 깹니다.

**의사 :** 식욕은 어떠십니까?

**환자 :** 통증이 있은 이래 식욕을 잃어버렸습니다.

**의사 :** 지난 몇 주간은 어땠습니까?

**환자 :** 신경이 예민했고 일상생활에도 집중이 되지 않았습니다.

**의사 :** 지금은 어떠십니까?

**환자 :** 지금은 좋습니다.

## 8 통증 척도의 표현

*Expression of Pain Scale*

미국의 의료진들은 통증의 강도를 수치로 나타내는 질문을 합니다. 통증의 강도를 0에서 10까지 나타내며 당신의 통증은 어느 정도인지 묻습니다. 남은 아파 죽겠는데 무슨 수치냐고 할 수 있겠지만 자신의 아픔을 좀 더 정확히 상대방에게 전달하는 것은 중요하겠지요.

Doctor : If you describe your pain from 0 to 10, where would you be on the pain scale?

Patient : I can say, "6".

Doctor : Please point to the number that best describes your pain.

Patient : I can point to number 6 for my pain.

의사 : 통증을 0에서 10까지 측정한다면, 당신의 통증 수치는 어디에 있습니까?

환자 : 6 정도라고 말할 수 있습니다.

의사 : 당신의 통증을 잘 나타내는 번호를 지적해 보세요.

환자 : 제 통증으로는 6번을 지적하겠습니다.

우리는 얼굴 표정을 보면 상대방이 얼마나 아픈지 알 수 있습니다. 어느 얼굴이 당신의 통증을 가장 잘 나타내고 있을까요?

## Wong-Baker FACES Pain Rating Scale
### 웡-베이커의 얼굴을 통한 통증 측정도

|  |  |  |  |  |  |
|---|---|---|---|---|---|
| 0 | 1 | 2 | 3 | 4 | 5 |
| NO HURT | HURTS LITTLE BIT | HURTS LITTLE MORE | HURTS EVEN MORE | HURTS WHOLE LOT | HURTS WORST |
| 통증이 없음 | 약한 통증 | 조금 더한 통증 | 심한 통증 | 아주 심한 통증 | 너무 심한 통증 |

* 저자는 모스비(Mosby) 회사의 허락하에 얼굴 표정으로 보는 통증 측정도를 사용하고 있습니다.

## 단어 모음

- ☑ a pain killer 진통제
- ☑ a splitting headache 깨지는 듯한 두통
- ☑ accompanying [əkʌ́mp(ə)niŋ] 동반하는
- ☑ all day long 하루종일
- ☑ any other symptom with 다른 동반 증상
- ☑ appetite [ǽpitɑ̀it] 식욕
- ☑ at interval 주기적으로
- ☑ back pain [bæk pein] 등과 허리 통증
- ☑ be tired 피곤하다
- ☑ concentrate on 집중하다
- ☑ describe [diskrɑ́ib] 설명하다
- ☑ duration [d(j)u:réiʃnel] 기간
- ☑ expression [ikspréʃ(ə)n] 표현
- ☑ frequency [frí:kwənsi] 빈도
- ☑ hurt [hɜ:rt] 아프다
- ☑ living room 거실
- ☑ localize in 국한하다
- ☑ make someone wake up 잠을 깨우다
- ☑ nausea [ˈnɔ:ziə] 구토증
- ☑ nauseous [ˈnɔ:ʃəs] 메스꺼운
- ☑ press on 누르다
- ☑ radiate out to ~까지 뻗치다

# 단어 모음

- ☑ rating [réitiŋ] 등급
- ☑ regular work 일상
- ☑ relief [rilíf] 완화
- ☑ relieve [rilív] 완화하다
- ☑ rib [rib] 갈비뼈
- ☑ rub [rʌb] 문지르다
- ☑ scale [skeil] 척도
- ☑ stomachache [stʌ́məkèik] 위통
- ☑ symptom [sím(p)təm] 증상
- ☑ terrible [térəbl] 지독한
- ☑ tummy [tʌ́mi] 배
- ☑ vomiting [vάmitiŋ] 구토
- ☑ vomit [vάmit] 구토물, 구토하다
- ☑ walk around 걸어 다니다
- ☑ worst [wəːrst] 가장 나쁜

# 제2장

# 전화 예약

## Telephone Appointments

## 1부

MEMO

의사 사무실이나 병원에 전화를 걸어서 예약을 할 경우에는 아래와 같은 간단한 대화를 할 수 있습니다. 원하는 날짜와 시간을 정해서 예약을 하고 정규검진이 아니고 다른 이유가 있으면 증상을 적어놓고 접수원이나 간호사가 질문을 하면 응답을 합니다.

처음 질문으로 '~와 예약을 하고 싶다'고 얘기할 때에는 'May I make an appointment with~?' 또는 긍정문으로 'I'd like to make an appointment with~'라고 하며, '~을 볼 수 있을까요?'라고 표현할 때는 'May I see~?'라고 표현하면 됩니다.
그러면 지금부터 대화를 해보겠습니다.

## 1 예약
### *Appointment*

Patient : May I make an appointment with Dr. Brown?
I'd like to make an appointment with Dr. Brown.
May I see an internist?

환자 : 닥터 브라운과 예약을 할 수 있습니까?
닥터 브라운과 예약을 하고 싶습니다.
내과 의사를 볼 수 있을까요?

Patient : May I see a dentist?

May I see a gynecologist?

May I see an ENT specialist?

May I see an ophthalmologist?

May I see a pediatrician?

May I see a surgeon?

Receptionist : Would this be for a routine check-up or
some other reason?

Patient : This is a routine check-up.

Receptionist : I have September 5, at 10 a.m. open.
Will that be a good time?

Patient : Yes, September 5, at 10 a.m. will be fine.


환자 : 치과 의사를 볼 수 있을까요?

부인과 의사를 볼 수 있을까요?

이비인후과 의사를 볼 수 있을까요?

안과 의사를 볼 수 있을까요?

소아과 의사를 볼 수 있을까요?

외과 의사를 볼 수 있을까요?

접수원 : 정규검진입니까? 아니면 다른 이유라도 있나요?

환자 : 정규검진입니다.

접수원 : 9월 5일 아침 10시가 비어 있습니다.
시간이 괜찮은가요?

환자 : 네, 9월 5일 10시가 좋겠군요.

**Receptionist** : What is your name?

**Patient** : Naomi Lee.

**Receptionist** : OK. Your appointment is at 10 o'clock on Tuesday on September 5.

**Patient** : Thank you.


접수원 : 이름이 무엇입니까?

환자 : 나오미 리입니다.

접수원 : 좋습니다. 9월 5일 화요일 10시로 예약되었습니다.

환자 : 감사합니다.


### ❏ 10시 예약이 가능하지 않으면

*If 10 o'clock is not available*


**Receptionist** : 10 o'clock is filled but we have 3 o'clock open. Will you take it?

**Patient** : OK. I'll take it.


접수원 : 10시는 예약이 되어 있으나 3시는 비어 있습니다. 예약을 하시겠습니까?

환자 : 좋습니다. 예약하겠습니다.

## 2 예약 취소
### *Cancellation*

**Patient :** I want to cancel my appointment.
**Receptionist :** When is your appointment?
**Patient :** It is at 10 o'clock on September 5.
**Receptionist :** I see. I'll cancel it for you. What is the
reason for the cancellation?
**Patient :** I have a meeting at work.

환자 : 예약을 취소하고 싶습니다.
접수원 : 예약이 언제입니까?
환자 : 9월 5일 10시입니다.
접수원 : 알겠습니다. 취소해 드리겠습니다. 취소하는 이유가 무엇인지
요?
환자 : 직장에서 회의가 있습니다.

**first aid kit**
구급함

## 3 예약 변경 1

*Reschedule 1*

**Patient :** May I reschedule my appointment?

**Receptionist :** When is your appointment?

**Patient :** It's at 10 o'clock on September 5.

I want to change the time to 2 o'clock on the same day.

**Receptionist :** Alright. Your appointment has been changed to September 5, at 2 p.m.

환자 : 예약을 변경할 수 있습니까?

접수원 : 예약이 언제입니까?

환자 : 9월 5일 10시입니다.

같은 날 2시로 바꾸고 싶습니다.

접수원 : 좋습니다. 예약을 9월 5일 2시로 변경하겠습니다.

심전도

## 4 예약 변경 2
### *Reschedule 2*

**Patient :** I need to reschedule my 10 o'clock appointment.

**Receptionist :** What date is your appointment?

**Patient :** September 5.
But I want to reschedule it to 2 o'clock on September 11.

**Receptionist :** I'm sorry. The doctor is not available at that time. Can you make it at 1:30 instead?

**Patient :** OK. I will.


환자 : 10시 예약을 변경했으면 합니다.

접수원 : 며칠이죠?

환자 : 9월 5일입니다.
그러나 9월 11일 2시로 바꾸고 싶습니다.

접수원 : 죄송합니다. 의사선생님께서 가능하지가 않습니다.
1시 30분은 어떠세요?

환자 : 알겠습니다. 그렇게 하지요.

폐기능 검사기

☑ a routine check-up 정규검진

☑ appointment [əpɔ́intmənt] 약속, 예약

☑ available [əvéiləbl] 가능한

☑ cancellation [kæ̀nsəléiʃ(ə)n] 취소

☑ cancel [kǽns(ə)l] 취소하다

☑ dentist [déntist] 치과의사

☑ ENT specialist 이비인후과 의사

☑ gynecologist [gàinikάlədʒist] 부인과 의사

☑ instead [instéd] 대신에

☑ internist [intə́:rnist] 내과 의사

☑ meeting [mi:tiŋ] 회의

☑ ophthalmologist [àfθælmάlədʒist] 안과 의사

☑ pediatrician [pi:diətríʃ(ə)n] 소아과 의사

☑ reschedule [riskédʒu(:)l] 재일정

☑ schedule [skédʒu(:)l] 일정

☑ surgeon [sə́:rdʒ(ə)n] 외과 의사

# 제3장 의사 진료실

## Doctor's Office

누구든지 처음 가는 곳은 생소하고 어리둥절한데 게다가 생소한 서류를 주며 작성하라고 하면 더욱 당황하기 마련입니다. 이것은 자연스런 현상이며 이런 것을 위해 도움이 될 수 있도록 의사와 면담 전에 작성해야 할 서류를 가지고 대화 형식으로 엮어 보았습니다. 서류에는 무슨 내용들이 있는지, 일반적으로 미국 병원에서 질문을 하는 내용들을 수록하였습니다.

그러면 지금부터 하나씩 대화를 해보겠습니다.

## 1 접수 창구
### Receptionist Desk

Patient : Hello! I have an appointment at 10 o'clock.
Receptionist : Have you seen Dr. Brown before?
Patient : No, today is my first appointment with him.
Receptionist : Okay.

환자 : 여보세요! 10시 예약이 되어 있습니다.
접수원 : 닥터 브라운과 상담하신 적이 있습니까?
환자 : 아니요, 오늘이 첫날입니다.
접수원 : 그러세요.

**Receptionist :** Please fill out this questionnaire and return it when you are finished.

**Patient :** Alright. Hmm...

I'm not familiar with this form, so can you help me fill it out?

**Receptionist :** Okay. Let's start now.

What is your last name?

**Patient :** Lee.

**Receptionist :** What is your first name?

**Patient :** Naomi.

**Receptionist :** What is your social security number?*

**Patient :** 000-12-0000.

**Receptionist :** What is your date of birth?

**Patient :** January 01, 1975.


접수원 : 이 질문서를 작성하시고 다 되셨으면 저에게 주세요.

환자 : 알겠습니다. 음….

이 서류가 생소한데 작성을 도와주시겠어요?

접수원 : 알겠습니다. 지금부터 시작을 하지요.

성이 무엇이죠?

환자 : 리입니다.

접수원 : 이름은 무엇인지요?

환자 : 나오미입니다.

접수원 : 사회보장번호*는 무엇인가요?

환자 : 000-12-0000입니다.

접수원 : 생일이 언제인가요?

환자 : 1975년 1월 1일입니다.

**Receptionist :** What is your current address?

**Patient :** 1 W. Palm St. Any City, NY 00000.

**Receptionist :** What is your home telephone number?

**Patient :** (555)555-1122.

**Receptionist :** What is your marital status?

**Patient :** I'm married, with one child.

**Receptionist :** What is your occupation?

**Patient :** I'm a homemaker.

**Receptionist :** Who referred you to Dr. Brown?

**Patient :** My friend, Sylvia Smith, referred me to Dr.
　　　　　　 Brown.


접수원 : 현 주소가 어디인가요?

환자 : 1 웨스트 팜 스트리트, 에니시티, 뉴욕 00000입니다.

접수원 : 집 전화번호는 어떻게 되나요?

환자 : (555)555-1122입니다.

접수원 : 결혼 여부는?

환자 : 결혼을 했고 아이가 한 명 있습니다.

접수원 : 직업이 무엇입니까?

환자 : 주부입니다.

접수원 : 누가 닥터 브라운에게 의뢰했어요?

환자 : 제 친구 실비아 스미스가 소개했습니다.


* 사회보장번호(Social Security Number) : 개인에게 주어지는 고유
　번호로 세금보고, 은행서류, 크레디트 신청 등 각종 서류에 필요하며 이
　번호는 미국생활에 필수적으로 필요한 것입니다.

Receptionist : What kind of insurance do you have?

Patient : I have Apexia Mutual insurance.

Receptionist : What are your medical insurance policy numbers and patient ID numbers?

Patient : Policy number is A000. My ID number is 1234.

Receptionist : Your co-payment* is 20 dollars.

Patient : How can I pay it?

Receptionist : You can pay by cash or bank credit card, (Visa, Master).

Patient : I'll pay my co-payment by Visa.

Receptionist : Oh, I see you also have a 20 percent coinsurance* as well.

Patient : What does that mean?


접수원 : 보험은 무엇을 가지고 있나요?

환자 : 아페지아 뮤추얼 보험을 가지고 있습니다.

접수원 : 보험 번호와 가입자 고유 번호는 무엇입니까?

환자 : 보험 번호는 A000이고, 제 고유 번호는 1234입니다.

접수원 : 코페이먼트*가 이십 불이군요.

환자 : 어떻게 그것을 지불하면 되나요?

접수원 : 현찰이나 은행 크레디트 카드로 지불하면 됩니다. (비자, 마스터)

환자 : 비자 카드로 지불하겠습니다.

접수원 : 아, 또한 20퍼센트 코인슈어런스*가 있군요.

환자 : 무슨 뜻이죠?

Receptionist : It means after you pay the deductible*,
you will also owe 20 percent of the billed
amount to the clinic.
Patient : Can I pay monthly for treatments not covered
by my insurance?
Receptionist : Yes, you may. We can arrange monthly
payments.
Patient : That's great. Thank you.


접수원 : 디덕터블*을 내고 나서, 병원(진료소)에서 청구한 치료비의 20
퍼센트를 병원(진료소)에 내셔야 합니다.
환자 : 보험회사에서 커버해 주지 않는 치료비를 매달 병원에 수납하게
할 수 있나요?
접수원 : 네, 그렇죠. 매달 지불하도록 조정할 수 있습니다.
환자 : 좋아요. 감사합니다.


\* 코페이먼트(Co-payment) : 의료보험을 선택할 때 정해진 금액(주로
$10~$20)으로 매번 진료를 받을 때 또는 처방약을 살 때 지불하는 금
액을 말합니다.

\* 코인슈어런스(Co-insurance) : 보험에서 보험 수가를 낮추기 위해
본인 부담의 치료비나 병원비를 측정한 것입니다.(예를 들면, 보험회사
에서 허락한 의료비 범주 안에서 의료비가 지불되며, 흔히 쓰이는 퍼센
트는 보험회사가 80%, 본인부담이 20%)

\* 디덕터블(Deductible) : 디덕터블은 보험에서 의료비를 지불하기 전
에 본인이 먼저 내는 금액으로 일 년을 단위로 적게는 $100에서 많게
는 $1,000 등으로 보험에 따라 액수가 다르며, 개인이나 가족 당으로
되어 있습니다. 디덕터블이 높으면 보험료가 더 낮으며, 디덕터블이 낮
은 보험은 보험료가 더 높습니다.

Receptionist : Now, we'll go to medical history section. Are you currently taking any drugs or medication?

Patient : No.

Receptionist : Do you exercise regularly?

Patient : Not really, but I walk around the park a few times a week.

Receptionist : Have you been under a physician's care during the past five years?

Patient : Yes. I was treated for pneumonia in 1999.

Receptionist : Do you smoke?

Patient : Yes, I smoke two cigarettes a day.

Receptionist : How long have you been smoking?

Patient : For two years.

접수원 : 이제 건강에 관한 부분을 하지요.
현재 약을 복용하는 것이 있습니까?

환자 : 없습니다.

접수원 : 규칙적으로 운동을 합니까?

환자 : 별로요. 그러나 일주일에 몇 번씩 공원을 산책합니다.

접수원 : 지난 5년간 의사에게 치료를 받은 적이 있나요?

환자 : 네. 1999년에 폐렴으로 치료를 받은 적이 있습니다.

접수원 : 담배를 피우나요?

환자 : 네. 하루에 두 개비 피웁니다.

접수원 : 얼마 동안 피우셨나요?

환자 : 2년째 피우고 있습니다.

Receptionist : Do you have any drinking problems?

Patient : No.

Receptionist : Are you allergic to any medication?

Patient : I am allergic to penicillin.

Receptionist : Do you have any family history of cancer,
diabetes, heart attack, etc.?

Patient : I don't think so.


접수원 : 술로 문제가 있은 적이 있나요?

환자 : 없습니다.

접수원 : 약에 알레르기가 있나요?

환자 : 페니실린에 알레르기가 있습니다.

접수원 : 가족 중에 암, 당뇨, 심장마비 등을 앓은 사람이 있나요?

환자 : 없는 것 같습니다.



❑ **여자 환자의 경우**

*Female patients only*


Receptionist : Are you pregnant?

Patient : Yes.


접수원 : 임신하셨어요?

환자 : 네.

Receptionist : When is the due date?
Patient : Probably, May 25.

접수원 : 출산 예정일이 언제인가요?
환자 : 5월 25일경입니다.


□ **마지막에**

*In the end*


Receptionist : Okay, we are done.
　　　　　　　Please sign the bottom line.
Patient : Thank you for helping me out.
Receptionist : There may be some delay today.
Patient : That's alright, I'll wait.


접수원 : 좋습니다. 다 작성했습니다.
　　　　밑줄에 서명해 주세요.
환자 : 도와주셔서 고맙습니다.
접수원 : 오늘 예약이 밀리는 것 같습니다.
환자 : 괜찮습니다. 기다리겠습니다.

## 2 의사 진료실

*Doctor's Exam Room*

클리닉을 가서 진료를 받을 때는 직접 담당의사와 상담을 하지만, 종합 병원일 경우에는 간호사와 간단한 면담을 한 후 담당의사를 만나게 됩니다. 여기서의 예문은 종합병원을 위주로 대화를 해보겠습니다.

**Nurse** : Hello! I'm Nurse Cindy.

**Patient** : Hi!

**Nurse** : I'll check your vital signs.*

I'll check your temperature through your ear.

I'll check your pulse and blood pressure.

All done.

**간호사** : 안녕하세요. 간호사 신디입니다.

**환자** : 안녕하세요.

**간호사** : 바이탈 사인*을 재겠습니다.

귀로 체온을 재겠습니다.

맥박과 혈압을 재겠습니다.

다 되었습니다.

* 바이탈 사인(Vital Sign) : 바이탈 사인은 생명에 중요한 요소로 호흡, 맥박, 체온 그리고 혈압을 말합니다.

Patient : What are my vital signs?

Nurse  : Your pulse rate is 88 beats per minute.
         Your temperature is 98.6°F (or 37°C).

Nurse  : And your blood pressure is 130 over 90
         (130/90mmHg).

Patient : Thank you.

Nurse  : What is your main complaint?

Patient : I have had flu-like symptoms for over a month.

Nurse  : Do you smoke?

Patient : Yes.

Nurse  : Do you have any pre-existing diseases?

Patient : I have diabetes.

Nurse  : How do you control your diabetes?


환자 : 제 바이탈 사인이 어떻게 되나요?

간호사 : 맥박은 일 분에 88입니다.
         체온은 화씨로 98.6도(섭씨로는 37도)입니다.

간호사 : 그리고 혈압은 130에 90입니다.

환자 : 감사합니다.

간호사 : 무엇 때문에 오셨지요?

환자 : 감기 같은 증세가 한 달이 넘었습니다.

간호사 : 담배를 피우세요?

환자 : 네.

간호사 : 현재 앓고 있는 병이라도 있나요?

환자 : 당뇨가 있습니다.

간호사 : 당뇨는 어떻게 조정하나요?

stethoscope
청진기

Patient : I'm controlling it with diet and exercise.

Nurse : Alright, the doctor will be here soon.

Patient : Thanks.


환자 : 식이요법과 운동으로 조정합니다.

간호사 : 알겠습니다. 의사선생님이 곧 오실 것입니다.

환자 : 감사합니다.



□ **잠시 후**

*A few minutes later*


Doctor : I'm Doctor Brown.

How are you today?

Patient : I'm fine.

Doctor : What can I do for you?

Patient : I have flu-like symptoms with a headache, runny nose, sneezing and a light cough. Sometimes, I cannot breathe well.


의사 : 의사 브라운입니다.

오늘 어떠세요?

환자 : 좋습니다.

의사 : 어떻게 도와드릴까요?

환자 : 두통과 콧물, 재채기 그리고 가벼운 기침을 동반한 감기 같은 증세가 있습니다. 때로는 호흡도 곤란합니다.

Doctor : I'll check your throat. Please open your mouth
and stick out your tongue.
Okay. I'll check your lungs. Take a deep breath
and hold. Breathe.

Patient : How are my lungs?

Doctor : I can hear a wheezing sound.
Have you ever had this symptom before?

Patient : I had it last spring.

Doctor : You need an allergy test.
This is a test slip.
Please register at the front desk, and they'll
make an appointment for you.
When I receive the results, I'll notify you.

Patient : Thank you.


의사 : 목을 검사하겠습니다. 입을 벌리시고 혀를 밖으로 내미세요.
좋습니다. 폐를 검사하겠습니다. 숨을 깊게 쉬시고 멈추세요. 쉬세
요.

환자 : 폐는 어떤가요?

의사 : 거친 숨소리가 나는군요.
전에도 이런 증세가 있었습니까?

환자 : 지난 봄에 같은 증세가 있었습니다.

의사 : 알레르기 검사를 해야겠습니다.
검사용지입니다.
입구 창구에서 접수하시면 예약을 해줄 것입니다.
결과를 받으면 알려드리지요.

환자 : 감사합니다.

tongue
혀

## 단어 모음

**1. 접수 창구**

☑ allergic [əˈlɜːrdʒɪk] 알레르기가 있는, 알레르기성의

☑ arrange [əréindʒ] 조정하다

☑ be familiar with 친숙하다

☑ be treated for 치료를 받다

☑ bill [bil] 전표

☑ bottom [bάtəm] 아래, 밑

☑ cancer [kǽnsər] 암

☑ cash [kæʃ] 현금

☑ cigarette [sigərét] 담배개비

☑ credit card 신용 카드

☑ current address 현주소

☑ date of birth 생일

☑ delay [diléi] 연기하다

☑ diabetes [ˌdaɪəˈbiːtiːz] 당뇨

☑ drink [driŋk] 마시다

☑ drug [drʌg] 약

☑ family history 가족 내력

☑ fill out 작성하다

☑ heart attack 심장마비

☑ help out 도와주다

## 단어 모음

☑ homemaker [hóummèikər] 주부 = housewife

☑ insurance [inʃú(:)rəns] 보험

☑ marital status 결혼상태

☑ medication [mèdikéiʃ(ə)n] 투약

☑ monthly payment 매달 지불금

☑ occupation [àkjupéiʃ(ə)n] 직업

☑ office [ɔ́:fis] 사무실

☑ pneumonia [n(j)u:móunjə] 폐렴

☑ pregnancy [prégnənsi] 임신

☑ pregnant [prégnənt] 임신의

☑ questionnaire [kwèstʃənɛ́ər] 질문서

☑ refer [rifə́:r] 의뢰하다

☑ regularly [régjulərli] 규칙적으로

☑ smoke [smouk] 담배를 피우다

☑ the due date 만기일

☑ treatment [tritmənt] 치료


2. 의사 진료실

☑ a light cough 가벼운 기침

☑ a wheezing sound 거친 숨소리

☑ beat [bi:t] 박동

## 단어 모음

- ☑ blood pressure 혈압
- ☑ breathe [briːð] 숨쉬다
- ☑ complaint [kəmpléint] 불평
- ☑ diet [dáiət] 규정식
- ☑ exercise [éksərsàiz] 운동
- ☑ flu-like 감기 같은
- ☑ notify [nóutifài] 통고하다
- ☑ pre-existing disease 현재 앓고 있는 질환
- ☑ pulse [pʌls] 맥박
- ☑ register [rédʒistər] 등록하다
- ☑ runny nose 콧물
- ☑ sneeze [sniːz] 재채기
- ☑ stick out 내밀다
- ☑ take a deep breath 심호흡을 하다
- ☑ temperature [témp(ə)ritʃər] 온도
- ☑ body temperature 체온
- ☑ test slip 검사용지
- ☑ throat [θrout] (입안의) 목
- ☑ tongue [tʌŋ] 혀

# 제4장

# 각종 검사에 관한 환자의 질문

## Patient Questions about Tests

**1부**

MEMO

제4장의 각종 검사에 관련된 대화에서는 받고 싶은 검사의 요청이나 검사의 필요성, 검사비용, 그리고 검사에 따르는 각종 질문을 통하여 환자의 마음을 피력하고 있습니다. 이해하기 어려운 사항은 의료진에게 알기 쉽게 적어달라고 부탁하는 것이 좋습니다.

Doctor Brown, I'm sorry I cannot understand what you said.
I would appreciate if you write your comments on paper.

브라운 의사님, 이해가 잘 되지 않는데요.
말씀하신 것을 노트에 적어 주셨으면 감사하겠습니다.

1. I would like to request a blood sugar screening.
2. I would like to request a cholesterol screening.
3. I would like to request a hearing test.
4. I would like to request an eye exam.
5. I would like to request a pap smear.

1. 혈당 검사를 받고 싶습니다.
2. 콜레스테롤 검사를 받고 싶습니다.
3. 청각 검사를 받고 싶습니다.
4. 눈 검사를 받고 싶습니다.
5. 자궁 경부 암 검사를 받고 싶습니다.

54

6. What is the name of the test?

7. Would you tell me why I need the test?

8. How much does this test cost?

9. How much of it is covered by insurance?

10. What might happen should I choose not to have this test?

11. Is the test totally accurate?

12. Is there any chance of error?

13. I do not want to take a risky examination.

14. Are there less risky alternatives?

15. Is the test painful?

16. Please explain the preparations required for the test.

17. I want to skip the test.


6. 검사 이름이 무엇인가요?

7. 제가 왜 검사가 필요한지 말씀해 주세요.

8. 검사비는 얼마나 되나요?

9. 보험에서 얼마나 지불하나요?

10. 검사를 받지 않으면 어떻게 되나요?

11. 검사는 정확하나요?

12. 검사 결과가 잘못 나올 수 있나요?

13. 위험한 검사는 받고 싶지 않습니다.

14. 덜 위험한 검사로 대치할 수 있나요?

15. 검사 받을 때 아픈가요?

16. 검사 받기 전 준비 사항에 대해 설명해 주세요.

17. 검사를 받고 싶지 않습니다.

18. May I postpone this test?
19. I'd like to make an appointment for this test.
20. What are my test results?
21. I do not understand the test results.
22. Is that a normal range?
23. How often do I have to take this test?

18. 검사를 연기할 수 있나요?
19. 검사 받기 위해 예약을 하고 싶습니다.
20. 검사 결과가 어떻게 되나요?
21. 검사 결과를 이해할 수 없습니다.
22. 정상 수치에 있나요?
23. 얼마나 자주 검사를 받아야 하나요?

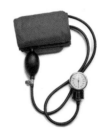

hematomanometer =
sphygmomanometer
혈압계

# 단어 모음

- ☑ a risky examination 위험한 검사

- ☑ accurate [ǽkjurit] 정확한

- ☑ alternative [ɔːltə́nətiv] 양자택일의

- ☑ appreciate [əprí:ʃieit] 감사하다

- ☑ blood sugar 혈당

- ☑ cholesterol [kəléstəròul] 콜레스테롤

- ☑ hearing [hí(ː)riŋ] 듣기

- ☑ normal range 정상 범위

- ☑ pap smear 경구암 검사

- ☑ postpone [pous(t)póun] 연기하다

- ☑ preparation [prèpəréiʃ(ə)n] 준비

- ☑ skip [skip] 건너뛰다

- ☑ would like to 동사 ～하기를 원하다

# 제5장

# 수술에 관한 환자의 질문

## Patient Questions about Surgery

수술은 환자에게 주는 부담이 큽니다. 그러므로 수술을 받기 전에 의문점이 있으면 질문도 하며 마음의 준비를 한 후 결정을 하면 훨씬 쉬우리라 생각합니다. 제5장에서는 수술에 관련된 여러 질문 사항들을 수록하여 도움이 되도록 엮어 보았습니다.

24. What is the name of the surgery that I need?
25. Will you describe the surgery I need in detail?
26. What is the success rate?
27. I cannot decide upon surgery at this time.
28. May I postpone this surgery?
29. I would like to get a second opinion.
30. Are there any other alternative surgical approaches?
31. Is this surgery the only way to treat my problem?
32. May I choose medication instead of surgery?

24. 제가 받을 수술 이름이 무엇인가요?
25. 수술에 관해 자세히 설명해 주시겠어요?
26. 성공률이 얼마나 되나요?
27. 지금 수술을 결정할 수 없습니다.
28. 수술을 연기할 수 있나요?
29. 다른 의사의 소견도 듣고 싶습니다.
30. 다른 수술 방법이 있습니까?
31. 수술만이 유일한 치료 방법인가요?
32. 수술 대신 약물 치료를 선택할 수 있나요?

33. What other options might I have?
34. How might I feel afterwards?
35. How long should I expect it to take before I'm fully recovered?
36. How long should I be absent from my work?
37. How much does the surgery cost?
38. What kind of anesthesia will be used for this surgery?
39. I have already had surgery for this condition once before.
40. What kind of complications will I have after surgery?
41. Can this surgery be done on an inpatient basis or outpatient basis?
42. I might need more time to decide to have surgery.
43. I've made up my mind to have surgery.


33. 다른 치료 방법은 무엇이죠?
34. 수술 후 제 상태는 어떨 것 같습니까?
35. 완전 회복까지 얼마나 걸립니까?
36. 직장은 얼마나 쉬어야 하나요?
37. 수술비는 얼마나 되나요?
38. 수술에 사용되는 마취는 어떤 것입니까?
39. 전에 이 증상으로 수술을 한 번 받았습니다.
40. 수술 후 합병증은 무엇입니까?
41. 수술을 받기 위해서 입원을 하나요, 아니면 외래에서 받나요?
42. 수술 결정을 하기 위해 시간이 더 필요합니다.
43. 수술을 받기로 마음을 결정했습니다.

**tweezers**
겸자, 집게

## 단어 모음

☑ a second opinion 이차 의견

☑ afterwards 나중에

☑ an inpatient basis 입원 상태

☑ an outpatient basis 외래 상태

☑ anesthesia [ˌænəsˈθiːziə] 마취

☑ approach [əpróutʃ] 접근하다

☑ be absent from ~에 결근 [결석]하다

☑ complication [kὰmplikéiʃ(ə)n] 합병증

☑ condition [kəndíʃ(ə)n] 상태

☑ cost [kɔːst] 경비

☑ decide upon 결정하다

☑ in detail 자세히

☑ instead of 대신하는

☑ make up 결정하다

☑ option [ápʃ(ə)n] 선택

☑ postpone [poustpóun] 연기하다

☑ recover [rikʌ́vər] 회복하다

☑ success rate 성공률

☑ surgery [sə́ːrdʒəri] 수술

☑ surgical [sə́ːrdʒɪkl] 외과의

# 제6장 병원 입원에 관한 각종 질문과 표현

## Various Questions and Comments about Hospitalization

건강
증상의
표현

MEMO

편안한 집을 떠나 병원에 입원을 하게 되면 여러 가지 불편한 점들이 많습니다. 의료진들이 이러한 환자들의 어려움을 잘 알고 있지만 환자 스스로 필요한 것이 있거나 질문이 있으면 의사 전달을 하는 것이 좋습니다.

## 1 환자의 표현

*Patient Comments*

### ☐ 일반적인 표현

*General Comments*

44. Can you tell me how to use the telephone?
45. My sheet is wet.
46. Can you change my sheet?
47. I feel cold, so I need an extra blanket.
48. I need an extra pillow.

44. 전화기는 어떻게 사용하나요?
45. 시트가 젖었어요.
46. 시트를 바꾸어 주시겠어요?
47. 추워서 담요 하나가 더 필요합니다.
48. 베개 하나가 더 필요합니다.

49. I need some female sanitary napkins.
50. I need some slippers.
51. I need some tissues.
52. My mouth is dry.
53. I'm thirsty, may I drink water?
54. I'm hungry.
55. Can I eat some food?
56. I cannot digest well.
57. I lost my appetite.
58. My dressing* is wet.
59. When will you change the dressing?

49. 생리대가 필요합니다.
50. 슬리퍼가 필요합니다.
51. 티슈가 필요합니다.
52. 입이 말라요.
53. 목이 말라요, 물을 마실 수 있나요?
54. 배가 고파요.
55. 음식을 먹어도 되나요?
56. 소화가 잘 되지 않아요.
57. 식욕을 잃었어요.
58. 드레싱*이 젖었어요.
59. 언제 드레싱을 바꾸어 주나요?

* 드레싱(dressing)은 거즈나 붕대로 상처를 보호하기 위해 부착한 것을 말합니다.

60. I did not finish my lunch.

61. Please do not take my lunch tray yet.

62. When are visiting hours?

63. Will you contact my family?

64. When will I be discharged?

60. 점심 식사를 마치지 못했어요.

61. 점심 그릇을 가져가지 마세요.

62. 방문 시간이 언제죠?

63. 가족에게 연락을 해 주시겠어요?

64. 퇴원은 언제 하게 되나요?

□ **신체 상태에 관련된 표현**
*Comments about Body Conditions*

65. Is it serious?

66. I have pain here.

67. My back hurts.

68. My joints hurt.

69. My throat hurts.

65. 심한가요?

66. 여기에 통증이 있어요.

67. 등이 아파요.

68. 관절이 아파요.

69. 목이 아파요.

70. My shoulder aches.
71. I have a chill.
72. I feel dizzy.
73. I feel dizzy when I stand up.
74. I feel faint.
75. I feel nauseous.
76. I feel better.
77. I feel worse.
78. I've been vomiting.
79. I want to sit down for a while.
80. There is blood in my saliva and phlegm.
81. I cannot breathe well.
82. How long will I need oxygen?

70. 어깨가 아파요.
71. 오한이 나요.
72. 어지러워요.
73. 일어서면 어지러워요.
74. 쓰러질 것 같아요.
75. 메스꺼워요.
76. 좋아진 것 같습니다.
77. 나빠진 것 같습니다.
78. 토했어요.
79. 잠시 앉아 있고 싶어요.
80. 침과 가래에 피가 섞여 있는 것 같아요.
81. 숨을 잘 쉴 수가 없어요.
82. 산소 공급은 얼마 동안 하나요?

adhesive bandage
반창고

83. My chest hurts.
84. I vomited just a few minutes ago.
85. I've had pain since last night.
86. How long do I have to stay in the hospital?
87. I could not sleep well last night.
88. When can I see a doctor?
89. Is there any other way to help me sleep better?

83. 가슴이 답답해요.
84. 몇 분 전에 토했어요.
85. 지난밤부터 아파요.
86. 얼마 동안 병원에 머물러야 하나요?
87. 지난밤에 잠을 잘 못잤어요.
88. 의사 선생님을 언제 볼 수 있나요?
89. 수면을 잘 할 수 있는 방법이 있나요?

□ **배설에 관한 표현**

*Comments about Urine or Defecation*

90. I want to go to the bathroom.
91. Can you give me a bedpan?
92. Can you give me a urinal?

90. 화장실이 가고 싶어요.
91. 변기를 주시겠어요?
92. 남자 소변기를 주시겠어요?

93. I need to pee.
94. I cannot pee well.
95. My urine is light brown.
96. I need to move my bowels.
97. I cannot have a normal bowel movement.
98. I am constipated.
99. My stool is dark brown.


93. 소변이 보고 싶어요.
94. 소변이 잘 안나와요.
95. 소변이 엷은 갈색입니다.
96. 대변이 보고 싶어요.
97. 대변을 잘 볼 수가 없습니다.
98. 변비가 있어요.
99. 변 색깔이 짙은 갈색입니다.


* 소변보다 : urinate[jú(:)rinèit], pee[pi]
  소변 : urine[jú(:)rin], pee

* 대변보다 : defecate[défikèit]
  대변 : stool[stu:l], defecation[dèfikéiʃ(ə)n]

## ❏ 투약과 주사에 관련된 표현

*Comments about Medication and Injections*

100.  What kind of medication is it?
101.  What kind of injection is it?
102.  I felt nauseous after I had that injection.
103.  I have pain around the injection area.
104.  The I.V. solution is almost finished.
105.  The I.V. solution doesn't drip now.
106.  I threw up my medication.
107.  How can I take this medication?


100.  무슨 약입니까?
101.  무슨 주사입니까?
102.  주사 맞고 나서 메스꺼웠어요.
103.  주사 맞은 부위가 아파요.
104.  주사약이 다 들어갔어요.
105.  주사약이 들어가지 않아요
106.  약을 토했어요.
107.  이 약은 어떻게 복용하나요?

## ☐ 기타

*Others*

108. How long do I need physical therapy?
109. I feel a little bit better after physical therapy treatments.
110. I cannot walk without a walker.*
111. My crutches are uncomfortable.
112. It's difficult for me to adjust these crutches.
113. Please show me how to use a wheelchair(walker, crutch).

108. 물리치료는 얼마 동안 받나요?
109. 물리치료를 몇 번 받고 나서 좋아진 것 같습니다.
110. 워커*가 없이는 걸을 수가 없습니다.
111. 목발이 불편해요.
112. 목발걸음에 숙달되는 것이 쉽지가 않군요.
113. 휠체어(워커, 목발) 사용법을 알려주세요.

**walker**
보행·보조기

**wheelchair**
휠체어

 * 워커(Walker) : 걷기가 힘든 경우 사용하는 것으로 두 손으로 의지하고 걸을 수 있도록 되어 있는 것을 말합니다.

## 2  환자에 대한 간호사의 표현과 지시사항

*Nurse's Comments and Instructions to Patients*

□ **일반적인 표현**

*General Comments*

114. Hi! I'm Nurse Linda. I'll be with you today.
115. I'll check your blood pressure.
116. I'll check your temperature by mouth.
117. Please hold the thermometer under your tongue.
118. I'll check your body weight.
119. Please step on the scale.
120. I'll measure your urine output.
121. If you want to call a nurse, press this button.
122. I'll change the bed sheet.


114. 안녕하세요? 오늘 담당 간호사입니다.
115. 혈압을 재겠습니다.
116. 입으로 체온을 재겠습니다.
117. 혀 밑에 체온계를 물고 계세요.
118. 체중을 재겠습니다.
119. 체중기에 올라서세요.
120. 소변 양을 재겠습니다.
121. 간호사를 부르고 싶으면 이 버튼을 눌러주세요.
122. 침대시트를 바꿀 것입니다.

**thermometer**
온도계

123. How many times did you have a bowel movement today?

124. What color was your last stool?

125. How many times did you urinate?

126. Do you have any pain now?

127. How do you feel today?

128. You need a blood test.

129. You'll be given an X-ray this afternoon.

130. You are getting better each day.

131. You'll exercise by walking with your crutches.

132. You'll be discharged tomorrow.

133. Please sign the discharge papers.


123. 오늘 대변을 몇 번을 보셨나요?

124. 마지막에 보신 변 색깔은 어떠합니까?

125. 소변은 몇 번 보셨나요?

126. 지금 어디 아프신 곳이 있나요?

127. 오늘 기분이 어떠십니까?

128. 혈액검사를 하겠습니다.

129. 오후에 엑스레이를 찍을 것입니다.

130. 매일 좋아지고 있습니다.

131. 목발로 걷는 연습을 할 것입니다.

132. 내일 퇴원을 합니다.

133. 퇴원용지에 서명을 하세요.

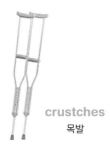

crustches
목발

## ☐ 투약과 주사에 관련된 표현

*Comments about Medication and Injections*

134. I'll change the I.V.* solution.
135. I will give you an injection in your right (or left) buttocks.
136. Can you drop your pants and underwear?
137. Can you turn on your right (or left) side?
138. I'll give you this injection in your left (or right) upper arm.
139. Will you roll up your sleeve?
140. Please take this medication now.
141. Please take this medication after lunch.

134. 주사약*을 바꾸어야 하겠습니다.
135. 오른쪽(또는 왼쪽) 엉덩이에 주사를 놓겠습니다.
136. 속옷과 바지를 내려주세요.
137. 오른쪽(또는 왼쪽)으로 돌려주세요.
138. 왼쪽(또는 오른쪽) 팔에 주사를 놓겠습니다.
139. 소매를 올려주세요.
140. 이 약을 지금 복용하세요.
141. 이 약은 점심 후에 복용하세요.

* 아이브이(IV, Intravenous)는 '정맥주사'라는 뜻으로 보통 링겔 주사를 명칭합니다.

142. Please take this medication with a full glass of water.

143. This medication will make you drowsy.

144. If you feel nauseous, please let me know.

145. I'll give you some medication.


142. 이 약을 물 한 컵과 복용하세요.

143. 이 약은 정신을 몽롱하게 합니다.

144. 속이 메스꺼우면 저를 불러주세요.

145. 약을 드리겠습니다.

intrarenous needle, intravenous bag
정맥주사용 바늘, 정맥주사용 백

## 단어 모음

### 1. 환자의 표현

- ☑ a little bit 조금
- ☑ ache [eik] 아프다
- ☑ adjust [ədʒʌ́st] 적응하다
- ☑ any other way 다른 방도
- ☑ appetite [ǽpitait] 식욕
- ☑ bathroom [bǽθruːm] 화장실
- ☑ bedpan [bédpæn] 변기
- ☑ blanket [blǽŋkit] 담요
- ☑ body condition 신체 상태
- ☑ bowel [báuəl] 창자
- ☑ chill [tʃil] 오한
- ☑ comment [kɑ́ment] 주석, 의견
- ☑ constipated [kɑ́nstipèitid] 변비의
- ☑ contact [kɑ́ntækt] 연락하다
- ☑ crutch [krʌtʃ] 목발
- ☑ defecation [dèfikéiʃ(ə)n] 대변
- ☑ difficult [ˈdɪfɪkəlt] 어려운
- ☑ digest [didʒést] 소화하다
- ☑ discharge [|dɪstʃɑːdʒ] 퇴원
- ☑ discomfortable [diskʌ́mfərtəbl] 불편한
- ☑ dizzy [dízi] 어지러운

## 단어 모음

- ☑ drip [drip] 똑똑 떨어짐 [떨어지다]
- ☑ extra [ékstrə] 여분의
- ☑ faint [feint] 현기증 나는, 어지러운
- ☑ female [fíːmeil] 여성[의]
- ☑ for a while 잠시 동안
- ☑ hospitalization [hàspit(ə)lizéiʃ(ə)n] 입원
- ☑ how to 동사 ~을 어떻게
- ☑ injection [indʒékʃ(ə)n] 주사
- ☑ oxygen [άksidʒ(ə)n] 산소
- ☑ phlegm [flem] 객담, 가래 = sputum
- ☑ physical therapy 물리치료
- ☑ pillow [pílou] 베개
- ☑ saliva [səláivə] 침, 타액
- ☑ sanitary napkin 생리대
- ☑ serious [sí(ː)riəs] 중한
- ☑ sheet [ʃiːt] 시트
- ☑ sit down 앉다
- ☑ slipper [slípər] 슬리퍼
- ☑ solution [səˈluːʃn] 용액
- ☑ stand up 일어서다
- ☑ thirsty [ˈθɜːrsti] 목마름
- ☑ tissue [ˈtɪʃuː] 티슈

## 단어 모음

- ☑ tray [trei] 쟁반
- ☑ urinal [ˈjʊrənl:] 남자 소변기
- ☑ urine [ˈjʊrən] 소변
- ☑ visiting hours 면회 시간
- ☑ wheelchair [(h)wíːtʃɛ̀ər] 휠체어

### 2. 간호사의 표현

- ☑ a full glass of water 물 한 컵
- ☑ bed sheet 침대시트
- ☑ blood test 혈액검사
- ☑ button [bʌ́tn] 단추
- ☑ discharge [distʃɑ́ːdʒ] 퇴원
- ☑ drowsy [dráuzi] 졸음 오게 하는
- ☑ instruction [instrʌ́kʃ(ə)n] 지시
- ☑ measure [méʒər] 측정, 측정하다
- ☑ sleeve [sliːv] 소매
- ☑ step on 올라서다
- ☑ turn on 돌리다
- ☑ underwear [ʌ́ndərwɛ̀er] 속옷, 내의
- ☑ upper [ʌ́pər] 위의, 상부의
- ☑ urinate [júrəneɪt] 소변보다
- ☑ urine output 소변량

# 제7장 건강 증상과 관련된 일반적인 표현

## Commonly Used Phrases Relating to Health Symptoms

우리는 병원에 진료를 받으러 가면, 의료진들이 우리에게 문제가 무엇인지를 묻습니다. 그럴때, Can you tell me your problems?(문제를 말씀해보시겠어요?)이라든가, Please describe your problems.(문제를 설명해 보세요.) 아니면, What can I do for you?(무엇을 도와드릴까요?) 또는 What is your main complaint?(주 문제가 무엇입니까?) 등으로 묻습니다.

지금부터 이런 물음에 본인들의 증상을 잘 표현할 수 있도록 엮어 보았습니다.
각종 신체 부위에 따르는 증상 표현을 보시겠습니다.

## 1 감기

### *The Common Cold*

146. I feel tired.
147. I am so weak.
148. I have had a high fever.
149. My body aches all over.

146. 피곤합니다.
147. 힘이 없습니다.
148. 고열이 있습니다.
149. 몸이 쑤십니다.

150. I feel under the weather.

151. I have a stuffy nose and difficulty breathing.

152. I've had a runny nose, sneezing and a sore throat for more than seven days.

153. My eyes are watering and my throat itches from the inside.

154. I have a mild fever, chills, headaches, and a cough.

155. I frequently feel dizzy and nauseous.

156. I have a splitting headache.

157. I lost my appetite due to the flu.

158. I have joint pain.

159. I have cold sweats.


150. 몸이 찌뿌둥합니다.

151. 코가 막히고 숨쉬기가 힘듭니다.

152. 콧물이 나고 재치기가 나며 목이 아픈 지 7일이 넘었습니다.

153. 눈물이 나고 목이 간지럽습니다.

154. 미열이 있고 오한이 있으며 두통과 기침이 납니다.

155. 자주 어지럽고 메스껍습니다.

156. 머리가 깨지는 듯한 두통이 있습니다.

157. 감기로 입맛을 잃었습니다.

158. 관절이 쑤십니다.

159. 식은땀이 납니다.

cough
기침하다

## 2  귀, 코 그리고 목에 관한 문제
### *Ear, Nose and Throat Problems*

☐ **귀에 관한 문제**

*Ear Problems*

160. I cannot hear well.
161. I'm bothered by ringing in my ears.
162. I have pus-like discharge from my left (or right) ear.
163. I have yellowish discharge from my ears.
164. I have an earache.
165. My ears are sore.
166. Ever since my child went swimming, his ears have been clogged. Might they have water in them, or could they be filled with wax?

160. 잘 들을 수 없습니다.
161. 귀에서 소리가 나서 방해가 됩니다.(이명)
162. 왼쪽(또는 오른쪽) 귀에서 고름이 납니다.
163. 귀에서 노란 분비물이 나옵니다.
164. 귀가 아픕니다.
165. 귀가 아픕니다.
166. 아이가 수영을 갔다 온 후부터 귀가 멍하다고 합니다.
166. 귀에 물이 찼거나 또는 귀지가 찬 건가요?

**otoscope**
이경

167. I am having difficulty hearing, and many sounds are muffled.

168. My father-in-law needs hearing aids.

169. My father can no longer hear well in noisy and crowded areas.

170. I have severe dizziness and sometimes feel like the ceiling is moving in circles.

171. I feel something is wrong with my ears such as, constant ringing, loss of balance, and dizziness.

172. I have the sensation that my body or the world around me is spinning.

173. My daughter lost her hearing and now she slurs her words and drops some word endings.

174. I'm afraid I might damage my six-month old son's ears if I try to pick the wax from his ears.


167. 저는 듣기가 힘들고 소리가 멍하게 들립니다.

168. 시아버님이 보청기가 필요합니다.

169. 아버님께서 군중이 모인 곳이나 시끄러운 곳에서는 잘 듣지 못합니다.

170. 저는 현기증이 심해서 때로는 천장이 도는 것 같습니다.

171. 저는 현기증으로 몸을 가눌 수도 없고 지속적으로 귀에서 소리도 나는 것이 뭔가 이상한 것 같습니다.

172. 제 몸이나 세상이 빙글빙글 도는 느낌입니다.

173. 제 딸아이가 청력도 떨어졌고 말도 제대로 못 하며 말꼬리를 흘립니다.

174. 6개월 된 아이의 귀지를 후빌 때 고막을 건드릴까 봐 겁이 납니다.

**hearing aid**
보청기

☐ **코에 관한 문제**

*Nose Problems*

175. My nose bleeds frequently.
176. I cannot smell well.
177. I have a runny nose.
178. I have a stuffy nose.
179. I cannot breathe well.
180. I have rust-colored nasal discharge.
181. I have greenish-colored nasal discharge.

175. 코피가 자주 납니다.
176. 냄새를 잘 맡을 수 없습니다.
177. 콧물이 납니다.
178. 코가 막힙니다.
179. 숨을 잘 쉴 수가 없습니다.
180. 코에서 녹 같은 분비물이 나옵니다.
181. 코에서 초록색의 분비물이 나옵니다.

☐ **목에 관한 문제**

*Throat Problems*

182. My throat is sore.

182. 목이 아픕니다.

**dust mask**
먼지방지 마스크

183. My voice has been hoarse for seven days.
184. I have difficulty swallowing.
185. I cannot swallow well.
186. It is painful when I swallow.
187. My phlegm (sputum) is yellowish color.
188. I have swollen glands in my neck.
189. I have large white patches on the roof of my mouth.
190. I have had blisters around my mouth.
191. I have a fever and a swollen thyroid gland.

183. 목이 쉰 지가 7일이 넘었습니다.
184. 삼키기가 힘듭니다.
185. 잘 삼킬 수가 없습니다.
186. 삼키려면 아픕니다.
187. 가래가 노랗습니다.
188. 목 주위가 부었어요.
189. 입천장에 하얀 꺼풀이 가득 덮혀 있어요.
190. 입 주위에 물집이 있어요.
191. 열이 나고 갑상선이 부었어요.

## 3 눈에 관한 문제
*Eye Problems*

눈에 관한 증상 표현에는 어떤 것들이 있는지 살펴보겠습니다.

192. My vision is getting poor.
193. I have pinkeye.
194. I feel pain in my eyes.
195. I think there is something foreign in my right (or left) eye.
196. My eyes feel sandy or gritty.
197. I have a burning sensation in my left (or right) eye.
198. My eyes are watery.
199. My eyelids feel swollen and itchy.
200. I have double vision.
201. I've had blurred vision.
202. My eyes are very sensitive to light.
203. My eyes feel too dry.


192. 시력이 점점 약해지는 것 같습니다.
193. 제 눈이 빨개요.
194. 눈에 통증이 있어요.
195. 오른쪽(또는 왼쪽) 눈에 이물질이 들어 있는 것 같아요.
196. 제 눈에 모래 또는 모래 같은 것이 들어 있는 것 같아요.
197. 왼쪽(또는 오른쪽) 눈이 쓰라려요.
198. 제 눈에 눈물이 자꾸 나요.
199. 눈꺼풀이 붓고 가렵습니다.
200. 시야가 이중으로 보입니다.
201. 시야가 뿌옇게 보입니다.
202. 제 눈이 불빛에 매우 예민합니다.
203. 눈이 너무 건조한 것 같습니다.

204. My contact lenses bother me.
205. Should I worry about my son's crossed eyes?
206. My son squints to see things far away.
207. I am near-sighted.
208. I am far-sighted.
209. I have an astigmatism.
210. I need eyeglasses.
211. I need bifocal eyeglasses.
212. I need hard contact lenses.
213. I need soft contact lenses.
214. I cannot see well with my eyeglasses.
215. Do I need new eyeglasses?
216. I have yellowish discharge from my right (or left) eye.


204. 콘택트 렌즈가 불편합니다.
205. 아들의 사팔 눈이 걱정됩니다
206. 제 아들이 먼 곳을 볼 때 눈을 찡그립니다.
207. 저는 근시입니다.
208. 저는 원시입니다.
209. 저는 난시가 있어요.
210. 안경이 필요합니다.
211. 이중안경이 필요합니다.
212. 하드 콘택트 렌즈가 필요합니다.
213. 소프트 콘택트 렌즈가 필요합니다.
214. 제 안경이 잘 보이지 않아요.
215. 새 안경이 필요하나요?
216. 오른쪽(또는 왼쪽) 눈에서 노란 분비물이 나옵니다.

217. My eyes are red and there is a thick, greenish-yellow discharge.
218. I can see moving black particles whenever I try to focus on objects.
219. I can see floaters when I focus at close range.
220. I have blurred (or hazy) vision, so I cannot see clearly.
221. You need surgery for cataracts. (by doctor)
222. I can see the center of objects but I cannot see around them.
223. You need surgery for glaucoma. (by doctor)
224. A : How are my eyes?
     B : Your eyesight is 20/20.
225. Aging can create dry eyes so try an artificial remedy such as Hypotears.

217. 눈이 충혈되고 걸쭉한 노란 초록색의 분비물이 나옵니다.
218. 물체를 보려면 까만 것이 떠다니는 것이 보입니다.
219. 가까운 거리를 보려고 하면 무엇이 떠다니는 것이 보입니다.
220. 시야가 흐리게 보여서 깨끗이 볼 수가 없습니다.
221. 백내장 수술이 필요합니다. (의사의 소견)
222. 가운데 물체는 보이는데 가장자리는 보이지 않습니다.
223. 녹내장 수술이 필요합니다. (의사의 소견)
224. A : 제 눈은 어떻습니까?
     B : 당신의 시력은 20에 20입니다.
225. 나이가 들면서 눈이 건조해지므로 하포티어 같은 인공 눈물을 사용해보세요.

226. A : What is the yellow stuff, which looks similar to a
pimple, on my eyelid?

B : I see, you have a sty on your eyelid.

227. I want to have laser eye surgery.
How much does it cost per eye?

226. A : 눈꺼풀에 여드름 같은 노란 것이 무엇인가요?

B : 아, 눈꺼풀에 다래끼가 솟아났군요.

227. 레이저 눈 수술을 하고 싶습니다.
한쪽 눈에 비용이 얼마나 되나요?

**4** ## 치아에 관한 문제
*Dental Problems*

☐ **환자의 표현**
*Patient Comments*

228. I have a bad toothache.
229. I need to see a dentist immediately.
230. I want to make an appointment to have my teeth
cleaned.

228. 치통이 있습니다.
229. 치과의사를 곧 만나 볼 수 있을까요?
230. 치아 클리닝 예약을 하고 싶습니다.

231. My gums hurt and they are bleeding.
232. I lost a filling.
233. I can't chew well.
234. I have pain when I chew.
235. I have a toothache when I drink cold water.
236. My gums hurt.
237. Can you give me a temporary filling?
     Can you give a silver filling? (gold, porcelain)
238. Can you fix this crown? (bridge, denture)
239. I think I may need dentures.
240. How many teeth need to be extracted?
241. What should I expect to pay for necessary orthodontic treatment and how long will it take to complete the whole procedure?

231. 잇몸이 아프고 피가 납니다.
232. 때운 것이 떨어졌어요.
233. 잘 씹을 수가 없습니다.
234. 씹을 때 아픕니다.
235. 찬물을 마시면 치아가 시립니다.
236. 잇몸이 아파요.

**dentures**
의치, 틀니

237. 임시로 때워주실 건가요?
     은으로 때워주실 건가요? (금, 자기류)
238. 이 크라운을 고쳐주세요. (브릿지, 틀니)
239. 틀니가 필요할 것 같습니다.
240. 치아를 몇 개 뽑을 건가요?
241. 치아 교정에 드는 비용은 얼마이고 끝날 때까지는 얼마나 걸리나요?

242. The full plan costs about $4,500 and takes an average of about two years depending on your specific needs. (by orthodontist)

242. 전체 비용은 대략 4,500불이고 경우에 따라 평균 2년 걸립니다. (치아 교정의사의 소견)

□ **치과의사의 표현**
   *Dentist Comments*

243. I want to take a diagnostic X-ray.
244. I'm going to give you a temporary filling.
245. Please tell me if you feel pain.
246. Does it hurt?
247. When did you last see a dentist?
248. You have a cavity.
249. You have an abscess.

243. 엑스레이를 찍어야겠습니다.
244. 임시로 필링을 해드리겠습니다.
245. 통증을 느끼시면 말씀해주세요.
246. 아프십니까?
247. 마지막에 치과에 오신 것이 언제입니까?
248. 충치가 있군요.
249. 고름이 있습니다.

250. You have gingivitis.
251. Which filling do you want to choose? A silver, gold, or porcelain?
252. I'll give you a local anesthesia with an injection so you won't feel pain.
253. You need to have your left (or right) upper wisdom tooth extracted.
254. I'll give you a prescription.
255. You need to floss* before you sleep.
256. You have a bad cavity and have lost a filling.

250. 치은염이 있습니다.
251. 필링은 어떤 것으로 원하십니까? 은, 금, 또는 폴세레인?
252. 국소마취주사를 놓아서 아프지는 않을 것입니다.
253. 왼쪽(또는 오른쪽) 사랑니를 뽑아야겠군요.
254. 처방약을 드리겠습니다.
255. 주무시기 전에 플로스*를 하세요.
256. 충치가 심하고 필링도 빠져버렸군요.

**dental floss**
치실

* 플로스(floss) : 실로 치아 사이의 이물질을 제거해주는 것을 말합니다.

# 5 순환기 계통에 관한 문제
## *Circulatory Problems*

순환기 계통에는 어떠한 증상이 있는지 살펴보겠습니다.

257. My heartbeat is irregular.
258. I get dizzy often.
259. I have strong chest pains and a feeling of heavy pressure.
260. My chest pains are worse during cold weather and after physical exercise.
261. I sometimes have chest pain and shortness of breath from stress in the work place (or office).
262. I get short of breath when I climb stairs.
263. Frequent palpitations make me nervous and restless.


257. 제 심장박동이 불규칙합니다.
258. 저는 자주 현기증을 느낍니다.
259. 가슴이 눌리는 압박감과 심한 가슴 통증이 있었습니다.
260. 가슴 통증이 운동 후나 추운 날에 더 심합니다.
261. 저는 때론 직장(또는 사무실)에서 오는 스트레스로 숨이 가쁘고 가슴에 통증을 느낍니다.
262. 계단을 오를 때 숨이 찹니다.
263. 잦은 심계항진은 저를 신경 쓰이게 하고 불안하게 만듭니다.

264. My hands and feet are always cold and my lips turn purple easily.
265. My face, hands and feet are usually swollen after I arise in the morning.
266. My legs hurt a lot, and it looks like my vein is popped out.
267. I'm wearing elastic support hose from about mid-foot to just below the knee.
268. I have been anemic since I was a teenager.
269. My father seems to fall down and becomes a little pale whenever he walks faster than usual.
270. My father survived his heart attack after he received cardiopulmonary resuscitation (CPR).
271. He has a heart murmur and an abnormal electrocardiogram (EKG).

264. 제 손발은 항상 차고 입술은 쉽게 푸르러집니다.
265. 아침에 일어나면 항상 얼굴, 손 그리고 발이 붓습니다.
266. 제 다리가 많이 아프고 혈관이 튀어 나온 것 같이 보입니다.
267. 발 중간에서 무릎까지 탄력 양말을 신고 있습니다.
268. 사춘기 이래 빈혈이 있었어요.
269. 저의 아버님께서는 평소보다 조금만 빨리 걸어도 창백해지고 쓰러지실 것 같아 보입니다.
270. 저의 아버님께서는 심폐소생술로 심장마비에서 소생하셨습니다.
271. 그는 심장에 잡음이 있고 심전도에 이상이 있습니다.

272. His heart condition is serious and requires complete bed rest.
273. My teacher has been hospitalized for leukemia treatments.
274. He needs a bone marrow transfusion.*
275. Immediate emergency care is essential in reducing the mortality rate of heart attacks.
276. What type of diet should I follow to reduce my blood cholesterol?
277. Proper exercise and a low-fat diet, with abundant servings of fresh fruits and vegetables are important to lowering LDL (bad cholesterol) levels.

272. 그의 심장 상태가 심각해서 완전 요양이 필요합니다.
273. 저의 선생님께서 백혈병 치료를 위해 병원에 입원하고 계십니다.
274. 그는 골수 주입*이 필요합니다.
275. 즉각적인 응급조치가 심장 마비로 인한 사망률을 줄이는 기본입니다.
276. 혈중 콜레스테롤을 낮추는 식단이 무엇입니까?
277. 적당한 운동과 저지방, 풍부하고 신선한 과일과 푸른 채소는 나쁜 콜레스테롤을 낮추는 데 중요합니다.

* Bone Marrow transfusion[boun mǽrou trænsfjúːʒn]
골수주입은 백혈병에 걸렸을 때 혈액을 생성하는 골수를 주입하여 병을 치료하기 위한 것입니다.

# 6 소화기 계통에 관한 문제

*Digestive and Gastrointestinal Problems*

소화기 계통에는 어떠한 증상들이 있는지 알아보겠습니다.

278. I have indigestion.
279. I have heartburn.
280. I have hunger pains.
281. I had a stomach ulcer two years ago.
282. I have had chronic belching (or burping).
283. I cannot stop my hiccups.
284. When I try to swallow, it feels like food is stuck in my throat.
285. I've vomited three times.
286. My vomit was a dark bloody color.

278. 소화가 안됩니다.
279. 위가 쓰리고 아픕니다.
280. 배가 고프면 배가 아픕니다.
281. 2년 전에 위궤양이 있었어요.
282. 만성적 트림이 있습니다.
283. 딸꾹질이 멈추지 않습니다.
284. 삼키려고 하면 음식이 목에 걸린 것 같은 느낌이 있습니다.
285. 세 번 토했어요.
286. 토한 것이 검습니다.

287. I felt nauseated and threw up some food.

288. I vomited some blood.

289. My stomach hurts.

290. I feel as if my stomach is bloated.

291. I have stomach pains early in the mornings.

292. Night stomach pain wakes me up several times.

293. I have gas pain.

294. I have lower abdominal pain.

295. I have pain on the right side of my abdomen.

296. I have pain on the left side of my abdomen.

297. I have pain above my right upper abdomen.

298. I cannot move due to abdominal pain.

299. I have discomfort in my stomach.


287. 메스꺼웠고 음식을 토했습니다.

288. 피를 토했습니다.

289. 위가 아픕니다.

290. 뱃속이 부픈 것 같은 느낌입니다.

291. 이른 아침에 속이 아픕니다.

292. 속이 쓰려서 밤에 몇 차례 깹니다.

293. 가스가 차서 아픕니다.

294. 아랫배가 아픕니다.

295. 오른쪽 배가 아픕니다.

296. 왼쪽 배가 아픕니다.

297. 오른쪽 배 위 부분이 아픕니다.

298. 배가 아파서 움직일 수가 없습니다.

299. 배가 불편합니다.

300. My bowel movement habits have recently changed.
301. I have thin, pencil-like stools.
302. I have loose stools.
303. I have hard stools.
304. I have bloody stools.
305. I have had diarrhea five times this week.
306. I am constipated.
307. I've had chronic constipation since last month.
308. I've had constipation a few days and now I have diarrhea.
309. How many times did you have a bowel movement today? (by doctor)
     I didn't have one yet.


300. 최근에 장 습관이 달라진 것 같습니다. (변비와 설사를 교대로 볼 때)
301. 가는 연필 같은 변을 봅니다.
302. 변이 묽습니다.
303. 변이 딱딱합니다.
304. 붉은 변을 봅니다.
305. 설사가 이번 주에 다섯 번 났습니다.
306. 변비가 있습니다.
307. 지난달 이래 만성 변비가 있습니다.
308. 몇 일간 변비가 있었는데 지금은 설사를 합니다.
309. 오늘 변을 몇 번 보셨나요? (의사의 질문)
     아직 한 번도 보지 못했습니다.

310. My stomach and abdomen feel full.
311. Fatty food gives me indigestion and makes me feel tired.
312. I used to be a heavy smoker and drinker.
313. My hands and feet are swollen.
314. I've had a poor appetite, some weight loss and fatigue.
315. I've had yellow skin recently. (jaundice)

310. 배가 꽉 찬 것 같습니다.
311. 기름기가 있는 음식은 소화도 안 되고 저를 피곤하게 합니다.
312. 전에는 담배를 많이 피웠고 술도 많이 마셨습니다.
313. 손과 발이 붓습니다.
314. 식욕이 없고 체중도 빠졌고 피곤합니다.
315. 최근에 피부가 노랗게 보였습니다. (황달)

# 7 호흡기 계통에 관한 문제
*Respiratory Problems*

호흡기 계통에는 어떤 증상이 있을 수 있는지 알아보겠습니다.

316. I have a dry cough.
317. I have a cough and it hurts to breathe.

316. 마른 기침을 합니다.
317. 기침을 해서 숨쉬기가 불편합니다.

318. It is hard to cough up phlegm even when my throat is filled with it.
319. I have been coughing a lot recently, which hurts my chest.
320. I have been a heavy smoker for 10 years.
321. I have chest pain with fever, a cough, and yellowish green sputum.
322. My father has chills, high fever, and labored breathing.
323. He had tuberculosis in 1995.
324. I have a high fever and rust-colored nasal discharge.
325. He is comatose and is kept alive by a respirator.
326. How long might he live in his current condition?
327. I cannot stand to see him in this condition.


318. 목에 가래가 꽉 찼는데도 가래를 뱉어내기가 힘듭니다.
319. 최근에 기침을 많이 해서 가슴이 아픕니다.
320. 10년 동안 담배를 많이 피웠습니다.
321. 열, 기침, 연두색 가래를 동반한 가슴 통증이 있습니다.
322. 아버지께서 오한과 고열이 있고 숨도 힘들게 쉽니다.
323. 그분께서는 1995년에 결핵을 앓으셨습니다.
324. 저는 고열이 있고 쇠가 녹슨 듯한 색깔의 코 분비물이 나옵니다.
325. 그분께선 의식이 없으시고 인공호흡기에 의존하고 견디십니다.
326. 현 상태로 얼마나 살 수 있나요?
327. 지금 상태의 그분을 보는 것이 견딜 수가 없습니다.

328. When she was struck by a car, she was thrown some distance and landed on the street.
She had broken ribs, which punctured her lung, causing it to collapse and making her breathing very difficult at the time.
She arrived at the hospital emergency room by ambulance.

328. 그녀는 차에 치어서 몸이 공중에 뜨고는 땅에 떨어졌습니다.
외상은 부러진 갈비뼈가 폐를 손상시켰고 숨쉬기를 매우 힘들게 만들었습니다.
그녀는 앰블란스로 병원 응급실에 실려왔습니다.

* 위의 예문은 유럽에서 실제로 있었던 일화로 교통사고를 당한 어느 여인이 사고를 대수롭지 않게 생각하고 비행기를 탔습니다. 비행기가 이륙하고 나서 그녀는 사고로 인해 폐에 공기가 차서 심한 호흡 곤란을 느꼈습니다. 당황한 승무원이 기내방송을 통해 의사를 찾는다는 방송을 했고, 다행히 두 명의 의사가 탑승을 해서 비행기 안에 있는 여러 가지 도구를 이용하여 그 여자의 폐에 찬 공기를 빼내어 호흡을 쉽게 할 수가 있었습니다. 곧이어 비행기는 근처 도시에 착륙을 했고 그녀는 응급실로 옮겨졌습니다. 이 이야기는 교통사고를 대수롭지 않게 생각해서 목숨을 잃을 뻔한 경우입니다.

# 8 비뇨기 계통에 관한 문제

*Renal and Urinary Problems*

비뇨기 계통에는 어떤 증상이 있는지 보겠습니다.

329. I'm only urinating a little bit. (oliguria)
330. I'm urinating a lot. (polyuria)
331. I urinate frequently. (urinary frequency)
332. I have difficulty urinating. (dysuria)
333. I have urgent urination. (urinary urgency)
334. I have blood in my urine. (hematuria)
335. I'm incontinent. (incontinence)
336. It's difficult for me to urinate, and it hurts when I do.
337. I urinate often, but only a little bit at a time.

329. 소변을 조금밖에 못 봅니다.
330. 소변을 많이 봅니다.
331. 소변을 자주 봅니다.
332. 소변보기가 힘듭니다.
333. 소변을 급하게 눕니다.
334. 소변에 피가 섞여 있습니다.
335. 실금을 합니다.
336. 소변보기가 힘들고 볼 때 아픕니다.
337. 소변이 찔끔거리며 자주 나옵니다.

338. Even when it feels to me as if I need to urinate very badly, scarcely any urine comes out.
339. I have dribbling urine stream.
340. My urine stream is weak.
341. I have a small amount of urine output and difficulty urinating.
342. I feel a burning sensation when I try to urinate.
343. He needs hemodialysis* due to kidney failure. (by doctor)
344. How can I get a urine specimen?
345. Take a urine specimen by voiding the beginning of the stream and then taking a clean catch mid-stream, using the provided sterile bottle. (Laboratory Technician)

338. 소변이 많이 마려운데 조금밖에 나오지 않습니다.
339. 소변을 보고도 똑똑 흘립니다.
340. 소변 줄기가 약합니다.
341. 소변량이 적고 소변보기가 힘듭니다.
342. 소변볼 때 쓰라립니다.
343. 신장기능이 나빠서 혈액투석*이 필요합니다. (의사의 소견)
344. 소변 검사물은 어떻게 받나요?
345. 처음 소변은 버리고 중간에 보시는 소변을 멸균이 된 통에 받으세요. (검사실 직원)

* Hemodialysis[himoudaiǽləsis]
혈액투석은 신장기능에 이상이 있을 때 신장의 기능을 대신 해주는 기계를 사용하여 혈액에 쌓여 있는 여러 화학 성분들과 노폐물을 걸러서 혈액을 깨끗이 해주는 것을 말합니다.

# 9 여성의 건강 문제
## *Women's Health Problems*

여성의 건강에서는 어떤 표현들이 있는지 살펴봅시다.

346. I missed my period twice.
347. I have severe morning sickness.
348. I have severe back pain and I'm constipated.
349. My hands and feet are swollen in the mornings.
350. I have contractions every ten minutes.
351. My water broke early this morning.
352. Is my baby healthy?
353. I will breast-feed my newborn baby.
354. I've noticed unusual vaginal discharge.

346. 월경을 두 번이나 걸렀습니다.
347. 입덧이 심합니다.
348. 허리가 많이 아프고 변비도 심합니다.
349. 아침에는 손과 발이 붓습니다.
350. 저는 10분마다 수축이 있습니다. (분만이 가까워 올 때)
351. 이른 아침에 양수가 터졌습니다.
352. 제 아이는 건강한가요?
353. 제 신생아 아기에게 모유를 먹일 것입니다.
354. 정상이 아닌 질 분비물이 있는 것을 알았습니다.

355. I've noticed some bleeding between my menstrual
cycles.

356. My daughter has heavy menstrual bleeding with
cramping and fever.

357. I feel itchy around my vagina.

358. I have a backache, which seems also to be causing
pain in my legs.

359. My breasts feel tender and painful.

360. How often should I examine my breasts?

361. I need a mammogram.

362. I need to know the types of contraceptives available
to me.

363. I have irregular periods and night sweats.

364. I have had hot flashes and mood swings since last
month.


355. 월경과 월경 사이에 출혈이 있는 것을 알았습니다.

356. 제 딸아이가 열과 생리통이 있으면서 심한 출혈을 합니다.

357. 회음부 주위가 가렵습니다.

358. 허리 통증이 다리로 뻗치는 것 같습니다.

359. 제 유방은 건드려도 아픕니다.

360. 유방검사는 얼마나 자주 해야 하나요?

361. 매머그램(유방암 검사)이 필요합니다.

362. 제게 맞는 피임종류를 알고 싶습니다.

363. 월경이 불규칙하고 밤에 식은땀이 납니다.

364. 지난달부터 얼굴이 화끈거리고 기분이 자주 바뀌는 것을 느낍니다.

365. My daughter's menstrual cramps are so severe that she can't go to school.
366. I've been taking birth control pills for three years.
367. I'd like to have a hormone therapy evaluation because I have menopause symptoms.
368. I'd like to make an appointment for a pap smear.
369. I'd like to have a tubal ligation.

365. 딸아이 생리통이 너무 심해서 아이는 학교도 갈 수가 없습니다.
366. 피임약을 3년 동안 복용하고 있습니다.
367. 폐경기 증상으로 호르몬 치료를 받고 싶습니다.
368. 팹스미어(경구암검사) 위해 예약을 하고 싶습니다.
369. 배꼽수술(피임을 위해 나팔관을 묶는 수술)을 하기를 원합니다.

**ambulance**
구급차

# 10 남성의 건강 문제
## *Men's Health Problems*

남성의 건강에 따르는 증상 표현을 보겠습니다.

370. I feel weakness and pressure in my groin.
371. When I lift heavy objects, I feel pain in the groin.
372. I have a strong and frequent urge to pee but I pee only a small amount.
373. I feel pain and burning sensations when I urinate.
374. I feel lumps in my testes.
375. I'd like to have a vasectomy.
376. I've lost weight recently and I feel weak.
377. I have white patches in my mouth.
378. I need to take the Hepatitis B vaccination.

370. 사타구니 부위가 눌리는 것 같고 약한 느낌이 있습니다.
371. 무거운 물건을 들 때 사타구니 부위에 통증이 있습니다.
372. 소변이 자주 심하게 마렵지만 소변이 조금밖에 나오지 않습니다.
373. 소변볼 때 아프고 쓰라립니다.
374. 제 고환에 덩어리가 만져집니다.
375. 정관수술을 하고 싶습니다.(남성 피임방법)
376. 최근에 체중이 줄고 허약한 것을 느낍니다.
377. 입안에 하얗게 덮혀 있습니다.
378. B형 간염 예방 접종이 필요합니다.

# 11 어린이의 건강 문제

*Children's Health Problems*

자녀들에게 있을 수 있는 건강에 관한 표현에는 어떤 것이 있는지 보겠습니다.

379. My child swallowed something (coin, toy, food...) and became choked.
380. He drowned in a neighbor's pool.
381. My son's circumcision site is red and swelling.
382. My child has had severe temper tantrums which I can't tolerate.
383. I want to know about vaccination schedules.
384. I have had a hard time with my son's toilet training.*
385. My daughter refuses to use a potty chair.*

379. 제 아이가 무언가(동전, 장난감, 음식…)를 삼키고는 목이 막혔습니다.
380. 그 아이는 이웃집 수영장에 빠졌습니다.
381. 제 아들의 포경시술 부위가 붉게 부었습니다.
382. 아이가 투정이 심해서 저는 견딜 수가 없습니다.
383. 예방 접종 스케줄을 알고 싶습니다.
384. 저는 아들의 대소변 가리는 연습*으로 고생을 하고 있습니다.
385. 제 딸아이가 변기* 사용을 거부합니다.

386. She is over seven years old but still wets the bed
     frequently.
387. My son had a pinkish rash on his neck and arm after
     he had a high fever for two days.
388. My daughter cried suddenly and stopped breathing
     for a few minutes.
389. Sometimes, my child can't talk due to shortness of
     breath.
390. My child has had a small amount of urination and
     sticky saliva.
391. My nephew had convulsions, clenched his fists, and
     his eyes rolled back.


386. 아이가 일곱 살이 넘었는데도 여전히 자주 침대에 오줌을 쌉니다.
387. 아들이 2일 동안 열이 있은 후 목과 팔 주위에 핑크빛의 발진이 생
     겼습니다.
388. 제 딸아이가 갑자기 울더니 몇 분 동안 숨을 멈추었습니다.
389. 때론, 제 아이가 숨이 차서 말도 잘 못합니다.
390. 제 아이는 소변량도 적고 침도 끈적합니다.
391. 제 조카가 주먹을 꽉 쥐고 눈을 뒤로 돌리며 발작을 일으켰습니다.


* 대소변 가리기 연습(Toilet Training, 구어로는 Potty Training)
* 파티 췌어(Potty Chair) : 대소변 연습을 위한 아기용 변기의자
* 어린아이에게 화장실 가자고 할 때, "Let's go potty." 라고 합니다.

392. My three-year old daughter cannot walk well.
393. I think she cannot see well.
394. My daughter is so afraid of people that she doesn't want to go to school.
395. My son's behavior has changed and he is sometimes violent.
396. He throws things.
397. My son does not go to school and hangs around with bad guys.
398. My daughter has no interest in her school work. And she spends most of her time hanging out with boys.

392. 3살짜리 제 딸아이는 잘 걷지 못합니다.
393. 제 생각은 아이가 잘 보지 못해서 그런 것 같습니다.
394. 제 딸아이는 사람들을 접하기를 두려워해서 학교에도 가지 않으려 합니다.
395. 언젠가, 제 아들의 행동이 바뀌었고 난폭해졌습니다.
396. 아이가 물건을 마구 던집니다.
397. 제 아들이 학교에 가지 않고 나쁜 아이들과 어울리고 있습니다.
398. 제 딸아이가 학교생활에는 흥미가 없어 합니다. 그리고 아이는 밖에서 남자아이들과 대부분의 시간을 보냅니다.

# 12 피부/머리에 관한 문제

*Skin/Hair Problems*

피부와 머리에 관한 증상 표현에는 어떤 것들이 있는지 살펴보겠습니다.

399. I have a rash all over my body, which itches a lot.
400. The rash may be caused by an allergic reaction to the necklace I wear.
401. She was in an automobile accident and received ten stitches in her face.
402. I have severe sunburn because I forgot to apply sun block lotion when I went to the beach last week.
403. I had water blisters, which burst when I touched them.
404. Bees stung my face.
405. My arm is swollen from mosquito bites.


399. 몹시 가려운 발진이 온몸에 났습니다.
400. 발진은 제가 걸고 있는 목걸이에 의한 알레르기인 것 같습니다.
401. 그녀는 자동차 사고를 당했고 얼굴을 10바늘이나 꿰맸어요.
402. 지난주에 해변에 갔을 때 태양열 차단제를 바르지 않아서 심하게 탔습니다.
403. 만졌더니 터지는 물집이 있습니다.
404. 벌이 얼굴을 쏘았습니다.
405. 제 팔이 모기에 물려서 부었습니다.

406. If your hands are sensitive to some things, try wearing protective gloves.
407. My skin is peeling.
408. My hands are dry and itchy.
409. My son has severe diaper rash around his bottom.
410. I've had tiny blisters, which have produced an oozing, honey-colored crust on my lips.
411. I have hives all over my upper body.
412. I have age spots (liver spots) on my face.
413. I was burned by boiling water.
414. I lifted the lid of a pan of boiling water and accidentally spilled boiling water on my feet.

406. 손이 무엇에든 예민하면 보호용 장갑을 끼세요.
407. 피부가 벗겨져요.
408. 손이 마르고 가렵습니다.
409. 제 아들 엉덩이 주위에 발진이 심하게 났습니다.
410. 제 입술에 분비물이 고이는 꿀 같은 색깔의 껍질이 일어나는 작은 물집이 있습니다.
411. 상반신에 두드러기가 있습니다.
412. 얼굴에 노인 반점(검버섯)이 났습니다.
413. 끓는 물에 데었어요.
414. 끓는 물의 냄비 뚜껑을 열다가 실수로 끓는 물을 제 발에 쏟았습니다.

415. I was burned on my hands when my backyard BBQ grill flashed up.
416. I spilled a bottle of chemicals on my legs.
417. How long does it take to recover?
418. I have a painful lump in my groin area.
419. My athlete's foot is getting worse.
420. My forehead has a bump after I accidentally hit a door.
421. I'm losing a lot of hair.
422. My son has hair loss in a round pattern.
423. My hair turned gray at an early age.
424. I have difficulty controlling my dandruff.
425. My daughter has lice on her head. How do I treat for lice?
426. My ingrown toenails are very painful.

415. 뒷마당 고기 굽는 그릴에서 올라온 불꽃에 손을 데었습니다.
416. 제 다리에 화학 약물을 흘렸습니다.
417. 회복하는 데 얼마나 걸릴까요?
418. 사타구니에 통증이 있는 응어리가 있습니다.
419. 제 무좀이 심해지는 것 같습니다.
420. 제 실수로 문에 앞이마를 부딪쳐서 부었습니다.
421. 머리가 많이 빠집니다.
422. 제 아들아이가 둥글게 머리가 빠집니다.
423. 제 머리가 젊은 나이에 일찍 쉬는 것 같습니다.
424. 비듬을 처리하기가 힘듭니다.
425. 제 딸아이가 머릿니가 있습니다. 어떻게 해야 하나요?
426. 안으로 자란 발톱이 매우 아프게 합니다.

427. I soak my feet in warm water once a day to relieve pain of ingrown toe nails.
428. I have several corns on my feet.

427. 저는 하루에 한 번은 따뜻한 물에 발을 담가 안으로 자란 발톱으로 인한 통증을 완화시킵니다.
428. 제 발에 심한 티눈이 있습니다.

## 13 정신/감정에 관한 문제
*Psychiatric/Emotional Problems*

정신과 감정에 관한 표현에는 어떤 것이 있는지 살펴보겠습니다.

429. He is disoriented.
430. He is afraid of social situations.
431. He looks very angry now.
432. He is more nervous lately.
433. He has been very irritable lately.

429. 그는 혼란한 상태입니다.
430. 그는 사회생활에 두려움을 가지고 있습니다.
431. 지금 그는 몹시 화가나 보입니다.
432. 요즈음 그는 매우 불안해하고 있습니다.
433. 요즈음 그는 매우 민감해하고 있습니다.

434. He looks very happy.

435. He displayed manic depression symptoms yesterday.

436. He has been depressed recently.

437. He is emotionally very weak.

438. He said he wanted to commit suicide.

439. He has a guilty feeling all the time.

440. He drinks two bottles of hard liquor a day.

441. She walks back and forth continuously.

442. She stares out the window and sits motionless for several hours at a time.

443. She has had frequent outbursts of temper over the last six months or so.

444. She has shown strange behavior, such as depression and anger.


434. 그는 매우 행복해 보입니다.

435. 그는 어제 미친 상태였습니다.

436. 요즈음 그는 매우 우울해하고 있습니다.

437. 그는 정신적으로 매우 약합니다.

438. 그 사람은 자살하고 싶다고 말했습니다.

439. 그 사람은 항상 죄악감에 시달리고 있습니다.

440. 그 사람은 하루에 술을 두 병씩 마십니다.

441. 그녀는 계속해서 앞뒤로 왔다갔다하며 걷고 있습니다.

442. 그녀는 몇 시간을 움직이지 않고 창 밖만 바라보고 있습니다.

443. 그녀는 6개월 이상을 자주 화를 내며 행패를 부리고 있습니다.

444. 그녀는 우울증과 화를 자주 나타내며 이상한 행동을 보입니다.

445. She lost consciousness and had a seizure.
446. She washes her hands continuously.
447. She has attacked her friends and family with anger.
448. She shouts at her parents and sometimes attacks them.
449. She uses foul words to people.
450. She is so shy that she cannot get along with friends.
451. He doesn't seem motivated to do anything.
452. He has become dishonest as well.
453. He has stopped eating and sleeping regularly.
454. I really think he needs behavioral counseling.

445. 그녀는 의식을 잃더니 발작했습니다.
446. 그녀는 계속해서 손을 씻습니다.
447. 그녀는 화를 내며 친구와 가족에게 덤벼들었습니다.
448. 그녀는 부모님에게 소리를 지르며 때론 그분들에게 덤벼듭니다.
449. 그녀는 사람들에게 나쁜 말을 씁니다
450. 그녀는 너무 수줍어서 친구들과도 어울리지 못합니다.
451. 아이는 아무 것도 할 의욕이 없는 것 같습니다.
452. 아이는 또한 정직하지도 않은 것 같습니다.
453. 아이는 먹지도 않고 잠도 규칙적으로 자지 않습니다.
454. 제 생각에는 아이는 행실에 관한 상담이 필요한 것 같습니다.

# 14 관절/근육에 관한 문제

*Joint/Muscle Problems*

관절과 근육에 관한 문제에는 어떤 표현들이 있는지 살펴보겠습니다.

455. My left (or right) leg is twisted. *
456. My doctor said my left (or right) knee is dislocated.
457. My doctor informed me that my left (or right) leg is broken at the femur (or knee, ankle).
458. I twisted my right ankle when I lost my footing and fell over a tree root.
459. I pulled a muscle in my left arm when I lifted the jug of water.

455. 왼쪽(또는 오른쪽) 다리를 삐었어요*.
456. 의사 선생님께서 제 왼쪽(또는 오른쪽) 무릎이 탈구(빗나간 것) 되었다고 합니다.
457. 의사 선생님께서는 제 왼쪽(또는 오른쪽) 다리 대퇴부(또는 무릎, 발목)가 골절되었다고 하십니다.
458. 나무 뿌리에 걸려서 발을 헛딛었을 때 오른쪽 발목을 삐었어요.
459. 왼손으로 물 주전자를 들었을 때 왼팔에 쥐가 났습니다.

* "~를 삐다"라고 표현할 때 동사로 twist[twist], turn[təːrn], strain[strein] 또는 좀더 의학적인 표현으로는 sprain[sprein]으로 표현할 수 있습니다.

460. I had a cramp in my right leg when I awoke and stretched my body.
461. My left (or right) shoulder hurts.
462. Both of my arms hurt.
463. I cannot use my right (or left) arm.
464. My right (or left) wrist is red and swollen.
465. I have tingling in my fingers of my right (or left) hand.
466. I cannot turn my neck easily, due to pain.
467. My neck is stiff.
468. My joints feel warm.
469. My joints hurt (elbow, wrist, knee, ankle or shoulder).
470. My right (or left) ankle is swollen and painful.
471. My left (or right) feet feels numb.

460. 깨어나서 기지개를 폈을 때 오른쪽 다리에 쥐가 났습니다.
461. 왼쪽(또는 오른쪽) 어깨가 아픕니다.
462. 양팔이 쑤십니다.
463. 오른쪽(또는 왼쪽) 팔을 쓸 수가 없어요.
464. 오른쪽(또는 왼쪽) 손목이 붉고 부었어요.
465. 오른손(왼손) 손가락들이 저립니다.
466. 통증으로 목을 쉽게 돌릴 수가 없습니다.
467. 목이 뻣뻣해요.
468. 무릎이 화끈거립니다.
469. 관절이 아파요. (팔꿈치, 손목, 무릎, 발목, 어깨)
470. 오른쪽(또는 왼쪽) 발목이 붓고 아픕니다.
471. 왼발(오른발)이 감각이 없어요.

472. I cannot walk due to left (or right) knee pain.

473. I have tingling in my left (or right) leg.

474. My right (or left) foot is cold and numb.

472. 왼쪽(또는 오른쪽) 무릎이 아파서 걸을 수가 없어요.

473. 왼발(또는 오른발)이 저립니다.

474. 오른발(또는 왼발)이 차고 무감각합니다.

## 15 내분비 계통에 관한 문제

*Endocrine/Hormonal Problems*

내분비 계통에는 어떤 증상 표현이 있는지 살펴보겠습니다.

475. I feel like my heart pounds very fast.

476. I get tired easily.

477. I am losing weight too fast.

478. I am gaining weight rapidly.

479. I have tingling in my hands and feet.

475. 심장이 매우 두근거립니다.

476. 저는 쉽게 피곤을 느낍니다.

477. 체중이 너무 빨리 빠집니다.

478. 체중이 너무 빨리 늘어납니다.

479. 손과 발이 저립니다.

480. I get nervous often.
481. I cannot control my sudden emotional change.
482. My voice has become huskier.
483. My period is irregular.
484. I always feel thirsty.
485. I urinate a lot and frequently.
486. I have been eating more than usual lately.
487. I drink more water than usual.
488. I was so nervous and sweated a lot last night.
489. My scar is not healing as I think it should.
490. I noticed this morning my blood sugar (glucose) level was higher than normal.
491. My breath smells sweet like fruit.


480. 자주 예민해집니다.
481. 급작스런 감정 변화에 어쩔 줄을 모르겠습니다.
482. 제 목소리가 굵어지는 것 같습니다. (남성적 음성)
483. 월경이 불규칙해요.
484. 저는 항상 목이 말라요.
485. 소변을 자주 많이 봅니다.
486. 요즈음 식사를 전보다 많이 합니다.
487. 전보다 물을 많이 마십니다.
488. 어젯밤에는 불안했고 땀도 많이 흘렸습니다.
489. 전처럼 상처가 아물지 않아요.
490. 오늘 아침에는 당이 정상보다 높았습니다.
491. 호흡을 하면 과일 냄새가 납니다.

492. I have recurrent vaginitis.

493. I have blurred vision.

494. How can I draw insulin solution into the syringe?

495. Please show me how to inject myself.

496. My injection sites are red and itchy.

497. To minimize scar tissue forming, rotate injection sites when taking insulin.

498. What are some complications of untreated diabetes? Some of the complications of untreated diabetes are changes in the vascular system and impairment of renal circulation.


492. 질염이 자주 재발합니다.

493. 시야가 뿌옇게 보여요.

494. 인슐린을 주사기에 어떻게 넣나요?

495. 주사를 어떻게 놓는지 알려주세요.

496. 주사 부위가 붉고 가렵습니다.

497. 주사로 인한 상처를 줄이려면 인슐린 주사를 돌려가며 놓으세요. (간호사의 충고)

498. 당뇨를 치료하지 않으면 합병증이 무엇인가요? 치료를 하지 않은 당뇨병의 합병증은 혈관에 이상이 오고 신장기능에도 손상을 초래합니다. (의사의 소견)

**injector**
주사

499. How do I manage foot care with my diabetes?
Compare the skin (color and tone) of the feet to the other parts of the body (hands, legs) watching for purple to dark-blue color of the feet.
Do not trim toenails too short.
Wear cotton socks and comfortable shoes.

500. Health is the most important asset we have. We should learn and practice healthful habits to maintain it.


499. 당뇨가 있을 경우에 발 관리는 어떻게 하나요?
발의 피부(색깔과 탄력)를 신체의 다른 부위(손, 다리)와 비교하며 보라빛이나 짙은 곤색으로 보이는지 비교합니다.
발톱은 짧게 깍지 마세요.
면양말과 편한 신발을 신습니다. (의사의 소견)

500. 건강은 가장 중요한 우리의 재산입니다. 우리는 건강을 지키기 위해 배우며 건강한 삶을 유지하기 위한 좋은 습관을 가져야 되겠습니다.

## 단어 모음

### 1. 감기

- ☑ a sore throat 목 아픔
- ☑ all over 전신의
- ☑ anatomy [əːnǽtəmi] 해부, 구조
- ☑ cold sweat 식은 땀
- ☑ cough [kɔːf] 기침
- ☑ difficulty [dífikʌ̀lti] 어려움, 곤란
- ☑ fever [ˈfiːvə(r)] 열
- ☑ headache [hédèik] 두통
- ☑ itch [ich] 가려움, 가렵다
- ☑ phrase [freiz] 구, 관용구
- ☑ stuffy [stʌ́fi] 답답한

### 2. 귀, 코 그리고 목에 관한 문제

① 귀

- ☑ be afraid 두려운
- ☑ be filled with ~로 채워지다
- ☑ bother [bɑ́ðər] 괴롭히다
- ☑ ceiling [ˈsiːlɪŋ] 천장
- ☑ clog [klag] 막다, 막히다
- ☑ constant [kɑ́nst(ə)nt] 일정한

## 단어 모음

- ☑ crowd [kraud] 군중, 북적대다
- ☑ dizziness [dízinis] 현기증
- ☑ drop [drap] 떨어뜨리다
- ☑ earache [íərèik] 귀앓이
- ☑ hearing aids 보청기
- ☑ loss of balance 균형 상실
- ☑ moving in circles 빙빙 도는
- ☑ muffle [mʌfl] 덮어 싸다
- ☑ no longer 더 이상 ~ 않다
- ☑ pick [pik] 쑤시다, 후비다
- ☑ pus-like 고름 같은
- ☑ ringing in the ears 귀에서 소리가 나는
- ☑ sensation [senséiʃ(ə)n] 감각
- ☑ slur [sləːr] 분명치 않게 말하다
- ☑ spin [spin] 뱅글뱅글 돌다
- ☑ world [wəːrld] 세상

② 코

- ☑ bleed [bliːd] 출혈하다
- ☑ frequently [ˈfriːkwəntli] 자주
- ☑ greenish-colored 푸른 색깔의
- ☑ nasal discharge 코 분비물

## 단어 모음

☑ rust-colored 녹 색깔의

☑ smell [smel] 냄새 맡다


③ 목

☑ blister [blístər] 물집

☑ hoarse [hɔːrs] 목 쉰 소리의

☑ painful [péinfəl] 아픈

☑ patch [pætʃ] 얼룩, 점

☑ sputum ['spjuːtəm] 객담, 가래 = phlegm

☑ swallow [swάlou] 삼키다

☑ swollen [swóul(ə)n] 부푼

☑ thyroid gland 갑상선


3. 눈에 관한 문제

☑ artificial remedy 인공 교정법

☑ astigmatism [əstígmətiz(ə)m] 난시

☑ bifocal eyeglasses 이중 안경

☑ blurred vision 뿌연 시야

☑ cataract ['kætərækt] 백내장

☑ crossed eyes 내사시, 사팔눈

☑ double vision 이중 시야

## 단어 모음

- ☑ eyesight [áisàit] 시력
- ☑ far away 멀리
- ☑ far-sighted 원시
- ☑ floater [flóutər] 떠다니는 것
- ☑ focus on 초점을 맞추다
- ☑ foreign [ˈfɔːrən] 이물질의
- ☑ glaucoma [glɔːkóumə] 녹내장
- ☑ gritty [gríti] 잔모래가 들어 있는
- ☑ hazy [héizi] 안개 낀 것 같이 흐릿한
- ☑ laser [léizər] 레이저
- ☑ near-sighted 근시
- ☑ object [ábdʒikt] 물체
- ☑ particles [pártikl] 입자
- ☑ pimple [pímpl] 여드름 = acne
- ☑ pinkeye [píŋkài] 눈의 충혈
- ☑ sandy [sǽndi] 모래의
- ☑ sensitive [sénsitiv] 감각의
- ☑ squint [skwint] 눈을 찡그리다
- ☑ stuff [stʌf] 물질
- ☑ sty [stai] 다래끼
- ☑ vision [víʒ(ə)n] 시야
- ☑ worry about 걱정하다

## 단어 모음

### 4. 치아에 관한 문제

- ☑ a temporary filling 임시로 때우기
- ☑ abscess [ǽbses] 고름, 농
- ☑ cavity [kǽviti] 충치
- ☑ chew [tʃuː] 씹다
- ☑ crown [kraun] 이 씌우기
- ☑ denture [déntʃər] 틀니
- ☑ depending on 의존하는
- ☑ diagnostic [dàiəgnǽstik] 진단의
- ☑ filling [fíliŋ] 때우기
- ☑ gingivitis [dʒindʒivǻitis] 치은염
- ☑ gum [gʌm] 잇몸
- ☑ local anesthesia 국소 마취
- ☑ orthodontic treatment 교정치료
- ☑ porcelain [pɔ́ːrs(ə)lin] 자기
- ☑ procedure [pro(u)síːdʒər] 과정
- ☑ take an average of 평균으로 걸리다
- ☑ to be extracted 뽑히다
- ☑ toothache [túθèik] 치통
- ☑ wisdom tooth 사랑니

## 단어 모음

### 5. 순환기 계통의 문제

- ☑ a low-fat diet 저지방 식사
- ☑ abundant servings 풍부한 공급
- ☑ anemic [əníːmik] 빈혈의
- ☑ bone marrow 골수
- ☑ cardiopulmonary resuscitation 심폐 소생
- ☑ chest pain 가슴 통증
- ☑ complete bed rest 완전 안정
- ☑ fall down 넘어지다
- ☑ faster than usual 평소보다 빠른
- ☑ fruit [fruːt] 과일
- ☑ HDL(High density lipoprotein) 좋은 콜레스테롤
- ☑ heavy pressure 무거운 압력
- ☑ hose [houz] 긴 양말
- ☑ hospitalized [hάspit(ə)laiz] 입원시킨
- ☑ immediate emergency care 즉각적인 응급조치
- ☑ irregular [irégjulər] 불규칙적
- ☑ LDL(Low density lipoprotein) 나쁜 콜레스테롤, 동물성 지방
- ☑ leukemia [luːkíːmiə] 백혈병
- ☑ lips [lips] 입술
- ☑ lower [lóuər] 낮추다
- ☑ mid-foot 발 중간

## 단어 모음

- ☑ mortality rate 사망율
- ☑ pale [peil] 창백한
- ☑ palpitation [pæ̀lpətéiʃən] 심계 항진
- ☑ physical exercise 육체적 운동
- ☑ pop out 튀어나오다
- ☑ proper [prάpər] 적당한
- ☑ restless [réstlis] 불안한
- ☑ shortness of breath 숨가쁨
- ☑ stress [stres] 스트레스
- ☑ survive [sərvάiv] 살아나다
- ☑ teenager [tíːnèidʒər] 10대 소년, 소녀
- ☑ transfusion [transfjúːʒ(ə)n] (혈액의) 주입
- ☑ vegetable [védʒ(j)təbl] 채소
- ☑ weather [weðər] 날씨

### 6. 소화기 계통의 문제

- ☑ a stomach ulcer 위궤양
- ☑ acute [əkjúːt] 급성의, 반대말은 chronic(만성의)
- ☑ as if 마치 ~처럼
- ☑ be stuck in 들러붙다
- ☑ bloat [blout] 부풀다

## 단어 모음

☑ burp [bə:rp] 트림, 트림하다

☑ chronic belching 만성 트림

☑ diarrhea [dàiərí:ə] 설사

☑ digestive [didʒéstiv] 소화력 있는

☑ discomfort [diskʌ́mfərt] 불편한

☑ drinker [dríŋkər] 술꾼

☑ fatigue [fətí:g] 피곤

☑ feel full 가득 찬 것 같이 느끼다

☑ gastrointestinal [gæ̀strouintéstinl] 위장의

☑ habit [hǽbit] 습관

☑ heartburn [ˈhɑːrtbɜːrn] 가슴앓이

☑ hiccup [híkəp] 딸꾹질, 딸꾹질하다

☑ hunger pains 위가 비었을 때 오는 통증

☑ indigestion [indidʒéstʃ(ə)n] 소화불량

☑ jaundice [ˈdʒɔːndɪs] 황달

☑ pencil-like 연필 같은

☑ smoker [smóukər] 흡연자

☑ throw up 토하다

## 단어 모음

**7. 호흡기 계통의 문제**

☑ ambulance [ǽmbjulƏns] 구급차

☑ arrive at 도착하다

☑ be filled with 채워지다

☑ collapse [kƏlǽps] 붕괴(하다)

☑ comatose [kóumatòus] 혼수의

☑ cough up 기침하다

☑ current condition 현 상태

☑ distance [díst(Ə)ns] 거리

☑ labored breathing 힘든 숨쉬기

☑ puncture [pʌ́ŋ(k)tʃƏr] 찌름, 구멍

☑ respiratory ['respƏrƏtɔːri] 호흡기의

☑ respirator [réspƏrèitƏr] 인공 호흡기

☑ throw [θrou] 내던지다

**8. 비뇨기 계통의 문제**

☑ a little bit 조금만

☑ badly [bǽdli] 심하게, 나쁘게

☑ bottle [bɑ́tl] 병

☑ come out 나오다

☑ dribble [dríbl] 똑똑 떨어지다

## 단어 모음

☑ incontinence [inkántinəns] 실금

☑ incontinent [inkántinənt] 실금의

☑ kidney failure 신부전

☑ mid-stream 중간 흐름

☑ output [áutput] 배설물

☑ renal [rí:n(ə)l] 신장의

☑ scarcely [skέərsli] 겨우

☑ specimen [spésimin] 검사물

☑ sterile [stéril] 살균한

☑ stream [stri:m] 흐름

☑ urinary [ˈjʊrəneri] 비뇨기의

☑ voiding [vɔidiŋ] 배뇨


### 9. 여성의 건강 문제

☑ birth control pill 피임약

☑ breast-feed 모유를 먹이다

☑ broke break (터지다)의 과거형

☑ contraceptive [kantrəséptiv] 피임약

☑ contraction [kəntrǽkʃ(ə)n] 수축

☑ cramping [krǽmpiŋ] 쥐어짜는

☑ evaluation [ivæljuéiʃ(ə)n] 평가

## 단어 모음

- ☑ healthy [hélθi] 건강한
- ☑ hormone therapy 호르몬 치료
- ☑ hot flashes 홍조
- ☑ irregular period 불규칙한 주기
- ☑ mammogram [mǽməgræm] 유방암을 찾기 위한 방사선검사
- ☑ menopause [ménəpɔːz] 폐경기
- ☑ menstrual cycle 월경 주기
- ☑ miss [mis] 넘어가다, 놓치다
- ☑ mood swings 기분이 자주 바뀜
- ☑ morning sickness 입덧
- ☑ newborn [núːbɔːrn] 신생아
- ☑ night sweat 밤에 흘리는 땀
- ☑ tender [téndər] 민감한
- ☑ tubal ligation 피임을 위해 나팔관을 잡아매는 시술
- ☑ unusual [ʌnjúːʒu(ə)l] 보통이 아닌
- ☑ vaginal discharge 질 분비물

### 10. 남성의 건강 문제

- ☑ groin [grɔin] 사타구니
- ☑ hepatitis [hèpətáitis] 간염
- ☑ lift [lift] 들어올리다

- ☑ lump [lʌmp] 덩어리
- ☑ testes [téstiːz] 고환
- ☑ urge [əːrdʒ] 급박한
- ☑ vaccination [ˌvæksɪˈneɪʃn] 접종
- ☑ vasectomy [væséktəmi] 정관 절단법

## 11. 어린이의 건강 문제

- ☑ be afraid of ~을 두려워하다
- ☑ choke [tʃóuk] 질식하다
- ☑ circumcision [səːrkəmsíʒ(ə)n] 포경 절개술
- ☑ clench [klentʃ] 주먹을 쥐다
- ☑ convulsion [kənvʌ́lʃ(ə)n] 발작
- ☑ drown [droun] 익사하다
- ☑ fist [fist] 주먹
- ☑ hang around 배회하다
- ☑ hang out 어울리다
- ☑ potty chair 대소변 훈련 변기
- ☑ refuse [rifjúːz] 거절하다
- ☑ roll back (눈동자를) 뒤로 굴리다
- ☑ sticky [stíki] 끈적거리는
- ☑ swallow [swɑ́lou] 삼키다

# 단어 모음

☑ swell [swel] 붓다, 부풀다

☑ temper tantrum 심한 투정

☑ toilet training 대소변 훈련

☑ tolerate [tάlərèit] 견디다, 참다

☑ violent [vάiələnt] 과격한

☑ wet the bed 자다가 오줌을 싸다


## 12. 피부/머리에 관한 문제

☑ accident [ǽksid(ə)nt] 사고

☑ age spot 노인 반점 = liver spot

☑ all over my body 온몸에

☑ athlete's foot 무좀

☑ automobile [ɔ́:təmoubi:l] 자동차

☑ backyard [bǽkjɑ:rd] 뒷뜰

☑ BBQ [barbecue] 불고기용 틀

☑ bee [bi:] 벌

☑ bite [bait] 물다

☑ boil [bɔil] 끓이다

☑ bump [bʌmp] 충돌하다

☑ burst [bə:rst] 터뜨리다

☑ chemical [kémik(ə)l] 화학물질의

## 단어 모음

- ☑ corn [kɔːrn] 티눈
- ☑ crust [krʌst] 딱지
- ☑ dandruff [dǽndrəf] 비듬
- ☑ diaper rash 기저귀 발진
- ☑ flash up 번쩍 뛰다
- ☑ forehead [fɔːrid] 이마
- ☑ grill [gril] 석쇠
- ☑ hive [haiv] 두드러기
- ☑ ingrown [íngròun] 안으로 자란
- ☑ lid [lid] 뚜껑
- ☑ mosquito [məskitou] 모기
- ☑ necklace [néklis] 목걸이
- ☑ ooze [uːz] 스며 나오다
- ☑ peel [piːl] 벗겨지다
- ☑ protective [prətéktiv] 보호하는
- ☑ rash [ræʃ] 발진
- ☑ reaction [riˈækʃn] 반응
- ☑ recover [rikʌ́vər] 회복하다
- ☑ skin [skin] 피부
- ☑ soak [souk] 담그다
- ☑ spill [spil] 엎지르다
- ☑ sting [stiŋ] 쏘다, 찌르다

## 단어 모음

☑ stitch [stitʃ] 꿰매다

☑ sunburn [sʌ́nbɜːrn] 볕에 탐, 햇볕에 태우다

☑ toenail [tóunèil] 발톱

☑ treat for ~을 치료하다

☑ turn gray (머리가) 희어지다

### 13. 정신/감정에 관한 문제

☑ angry [ǽŋgri] 화

☑ at a time 한번에

☑ attack [ətǽk] 덤비다

☑ back and forth 앞뒤로

☑ behavior [bihéivjər] 행동

☑ commit suicide 자살을 기도하다

☑ consciousness [kánʃəsnis] 의식

☑ continuously [kəntínjuəsli] 계속적

☑ counseling [káuns(ə)liŋ] 상담

☑ depression [dipréʃ(ə)n] 우울증

☑ dishonest [disánist] 부정직한

☑ disorient [disóːriənt] 혼동의

☑ display [displéi] 진열하다, 진열

☑ emotional [imóuʃən(ə)l] 감정의

- ☑ foul words 나쁜 말
- ☑ guilty [gílti] 가책을 느끼는
- ☑ hard liquor 농도가 강한 술
- ☑ irritable [íritəbl] 과민한
- ☑ manic [mǽnik] 광적인
- ☑ motionless [móuʃ(ə)nlis] 움직이지 않는
- ☑ motivate [móutiveit] 동기를 주다
- ☑ nervous [ˈnɜːrvəs] 신경의
- ☑ outburst [áutbə̀ːrst] 폭발
- ☑ psychiatric [sàikiǽtrik] 정신병학의
- ☑ recently [ˈriːsntli] 최근에
- ☑ regularly [régjuləri] 정기적으로
- ☑ seizure [ˈsiːʒə(r)] 발작
- ☑ shout at 큰소리로 말하다
- ☑ situation [sitʃuéiʃən] 상황
- ☑ so ~ that 대단히 ~하여
- ☑ social [sóuʃ(ə)l] 사회적인
- ☑ stare out (밖으로) 응시하다

## 단어 모음

**14. 관절/근육에 관한 문제**

☑ cramp [kræmp] 경련을 일으키다, 쥐어짜다

☑ dislocate [dísloukèit] 탈구시키다, 삐다

☑ fall over 넘어지다, 무너지다

☑ femur [fíːmər] 대퇴(허벅지 부위의 뼈)

☑ foot [fut] 발, 걷다, 딛다

☑ inform [ɪnˈfɔːrm] 알리다

☑ joint [dʒɔint] 관절

☑ jug [dʒʌg] 주전자

☑ muscle [mʌ́sl] 근육

☑ numb [nʌm] 마비된, 무감각하게 된

☑ pull [pul] 당기어 손상시키다

☑ stiff [stif] 뻣뻣한, 경직한

☑ stretch [stretʃ] 잡아당기다, 긴장

☑ tingling [tíŋgliŋ] 저리는, 따끔따끔 쑤시는

☑ twist [twist] 비틀다

**15. 내분비 계통에 관한 문제**

☑ assets [ǽset] 재산

☑ comfortable [kʌ́mf(ə)təbl] 편한

☑ compare [kəmpɛ́ər] 비교하다

## 단어 모음

- ☑ damage [dǽmidʒ] 손상
- ☑ dark-blue 짙은 청색
- ☑ endocrine [éndo(u)krain] 내분비
- ☑ gaining [geiniŋ] (체중이) 늘어남
- ☑ habit [hǽbit] 습관
- ☑ healthful [hélθfəl] 건강한
- ☑ heal [hiːl] 낫게하다
- ☑ husky [hʌ́ski] 쉰 목소리의
- ☑ impairment [impέərmənt] 손상
- ☑ learn [ləːrn] 배우다
- ☑ losing [lúːziŋ] (살이) 빠진
- ☑ maintain [meintéin] 유지하다
- ☑ minimize [mínimaiz] 최소로 하다
- ☑ normal [nɔːrm(ə)l] 정상의, 표준
- ☑ pound [paund] 두근거리다
- ☑ practice [prǽktis] 연습하다, 연습
- ☑ recurrent [rikəːrənt] 재발하는
- ☑ renal circulation [ríːn(ə)l səːrkjuléiʃən] 신장의 순환
- ☑ rotate [róuteit] 회전하다, 교대하다
- ☑ scar [skaːr] 상처
- ☑ syringe [siríndʒ] 주사기
- ☑ tissue [tíʃuː] 조직

## 단어 모음

☑ tone [toun] 신체의 적당하고 정상적인 상태

☑ trim [trim] 깎다

☑ vaginitis [væ:dʒinάitis] 질염

☑ vascular system [vǽskjulər sistim] 혈관계

# 제8장 검사와 관련된 대화

## Conversations Relating to Tests

### 1 진료 검사 예약하기

*Making an Appointment for an Examination*

검사의뢰서를 받은 후 검사를 위해 예약을 하는 내용입니다.
환자와 접수원과의 대화를 들어보겠습니다.

Patient : Good Morning.

I need to make an appointment for an
ultrasound screening.

Receptionist : Do you have a referral slip?

Patient : Here is the referral from my doctor.

Receptionist : Thank you.

We have an opening April 18th at ten
o'clock.

Will that work for you?

환자 : 안녕하세요.

초음파 검사를 위해 예약을 하려고 합니다.

접수원 : 검사 의뢰서가 있나요?

환자 : 여기 의사선생님이 주신 의뢰서가 있습니다.

접수원 : 감사합니다.

4월 18일 10시가 비어 있습니다.

그 시간이 괜찮으세요?

Patient : That date is no good for me.
Do you have an opening in late April?
Receptionist : Let me see.
April 30th at nine o'clock is available.
Will that be suitable?
Patient : Yes. I can make that one.
Receptionist : Let me remind you to be here 15 minutes
before your appointment time.
If you cannot make it or need to
reschedule, call 555-1234 Monday
through Friday, 9 a.m.- 4:30 p.m..
Patient : Thank you very much.

환자 : 그 시간은 좋지 않습니다.
4월 말경에는 없나요?
접수원 : 어디 보죠.
4월 30일 9시가 가능합니다.
괜찮습니까?
환자 : 네. 괜찮습니다.
접수원 : 검사 15분 전에 이곳에 도착하실 것을 재차 말씀드립니다.
예약을 지킬 수 없거나 스케줄을 변경하길 원하시면, 전화번호
555-1234로 월요일에서 금요일, 아침 9시에서 오후 4시 30분
사이에 전화하세요.
환자 : 감사합니다.

초음파 검사기

## 2 소변 검사
*Urine Test*

검사 중에서 소변 검사와 혈액 검사를 하러 가면 아래와 같은 대화들을 들을 수 있습니다. 알렉스가 검사를 받으러 갔을 때 검사실 직원이 알렉스에게 하는 대화를 들어보겠습니다.

Sign on wall near lab (laboratory) window :
"Please bring your test slips to the counter and sign in."

검사실 창문 옆에 붙어있는 표시 :
"접수대로 검사용지를 가지고 오시고 서명하세요."

**Laboratory :** This slip is for a urine test.
**Technician** Here is a specimen bottle.
Please go to the restroom down this hallway.
You may leave when you are done.
The results will be sent to your doctor.

검사직원 : 소변검사 용지입니다.
검사물 용기입니다.
복도에 있는 화장실로 가세요.
벽에 붙어 있는 지시사항을 따라 하세요.
다 끝나면 가셔도 됩니다.
결과는 의사에게 보내드립니다.

**syringe**
(피하) 주사기, 세척기

**Alex**  :  Thank you.

**알렉스**  :  감사합니다.

## 3 혈액 검사
*Blood Test*

**Laboratory**  :  This slip is for a blood test.
**Technician**      Follow the arrows to the blood lab.*
                    They will draw some blood and tell you
                    what to do from there.
**Alex**  :  Okay.

**검사직원**  :  이것은 혈액검사 용지입니다.
                화살표를 따라 혈액검사실*로 가세요.
                혈액을 뽑고 어떻게 해야 하는지 알려줄 것입니다.
**알렉스**  :  알겠습니다.

\* 랩(Lab.)은 래버러터리(Laboratory)를 줄여서 표현한 것입니다.

자동 혈압기

☐ **혈액 검사실**

*At the blood lab.*

**Laboratory :** Alex Black?
**Technician** Please come in and take a seat.
Please roll up your left sleeve for me.
I am going to wrap this tourniquet around your upper arm.
Please squeeze hard on this 'gripper' three times and hold your squeeze on the last one.
That's fine.
You may relax.
Just a little 'prick' now.
We'll be done in a moment.
Press on this bandage firmly.

**검사직원 :** 알렉스 블랙?
이리 오셔서 앉으세요.
왼쪽 소매를 올리세요.
팔 위쪽(상박)에 고무줄로 묶습니다.
이 '작은 플라스틱 통'을 쥐시고 세 번 쥐었다 폈다하시면서 마지막에는 꼭 쥐고 계세요.
됐습니다.
펴세요.
잠시 '따끔함'을 느낄 것입니다.
잠시면 됩니다.
반창고 위를 누르세요.

**Laboratory** : Hold your arm straight up for a couple of
**Technician**    minutes.
                  We are done now.
                  The results will be sent to your doctor.


검사직원 : 몇 분 동안 팔을 위로 들고 계세요.
         다 됐습니다.
         결과는 의사에게 보내드립니다.


## 4 방사선 검사
*Radiology(X-ray) Lab.*


**Receptionist** : May I help you?
**Patient** : I am here for an X-ray exam.
**Receptionist** : Do you have an X-ray slip?
**Patient** : Yes, here it is.
**Receptionist** : Thank you. Please be seated on the chair.


접수원 : 무엇을 도와드릴까요?
환자 : 엑스레이를 찍으러 왔습니다.
접수원 : 검사용지가 있나요?
환자 : 네, 여기 있습니다.
접수원 : 감사합니다. 의자에 앉으세요.

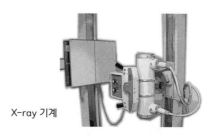

X-ray 기계

**Receptionist :** While you are waiting, you may read a
magazine. A technician will call you soon.
**Patient :** Thank you.

접수원 : 기다리는 동안 잡지를 읽으세요. 촬영직원이 곧 부를 것입니다.
환자 : 감사합니다.

☐ **잠시 후**
*Moments later*

**Technician :** Naomi Lee?
**Patient :** Here!
**Technician :** Please follow me.
**Patient :** Alright.
**Technician :** This is a dressing room.
Remove your top and put on a gown with
the opening in the back.

촬영직원 : 나오미 리?
환자 : 여기요!
촬영직원 : 따라오세요.
환자 : 알겠습니다.
촬영직원 : 탈의실입니다.
상의를 벗으시고 가운을 뒤가 열리게 입으세요.

□ **촬영실 안**

*Inside the exam room*

**Technician** : Lie with your back on this table.

When I say, "Hold your breath, stop

breathing and do not move."

**Patient** : OK.

**Technician** : Hold your breath.

Okay, you can breathe now.

I'll take a front view.

Turn on your left side.

I'll take a left side view.

Turn on your right side.

I'll take a right side view.

All done.

**촬영직원** : 이 테이블에 누우세요.

제가 숨을 멈추라고 하면 멈추시고 움직이지 마세요.

**환자** : 알았습니다.

**촬영직원** : 숨을 멈추세요.

좋아요. 숨을 쉬세요.

앞면을 찍겠습니다.

왼쪽으로 돌아 누우세요.

왼쪽 면을 찍겠습니다.

오른쪽으로 돌아 누우세요.

오른쪽 면을 찍겠습니다.

다 되었습니다.

**chest X-ray**
흉부 촬영

Technician : Please wait outside until the X-ray is
developed.
I'll let you know when you can go.
Patient : Thank you.

촬영직원 : 엑스레이가 잘 현상될 때까지 밖에서 기다리세요.
언제 가셔도 될지 알려드리겠습니다.
환자 : 감사합니다.

# 5 조영제 시술 동의서

*Informed Consent for Intravenous Injection of Contrast Material*

Physician : This is a consent form, which allows us to
administer an injection of contrast (dye)*, into
your vein.
Patient : What does that mean?
Physician : That means that before we take X-ray, we
inject an amount of iodine contrast into a
vein.

의사 : 이 시술 동의서는 정맥으로 조영제*를 주사해도 된다는 허락서입
니다.
환자 : 무슨 뜻인가요?
의사 : 그 뜻은 엑스레이를 촬영하기 전에 저희가 정맥으로 요오드를 주
사할 수 있게 허락을 받기 위한 것입니다.

**Physician** : The dye circulates through your body and helps us visualize the condition of certain internal organs, and so forth.

**Patient** : I see.

Are there any side effects?

**Physician** : Yes. There are some side effects.

You may experience a warm sensation which will fade after several minutes.

You may also experience nausea or vomiting. Pregnant patients should always inform the doctor or X-ray technician before taking an X-ray.

**의사** : 조영제는 몸 속에 퍼져서 여러 가지 내부 기관을 잘 보이도록 도와줍니다.

**환자** : 알겠습니다.

부작용이 있나요?

**의사** : 네. 부작용이 있습니다.

뜨끈한 느낌을 느낄 수 있는데 몇 분 후에 사라집니다.

또한 메스꺼움이나 구토증을 경험하실 것입니다.

임산부는 항상 의사나 엑스레이 직원에게 임신 여부를 알려야 합니다.

\* 조영제(Contrast Material or Dye) : 조영제는 검사부위를 잘 볼 수 있도록 하는 물질로 혈관에 주사를 하고 엑스레이를 찍습니다. 검사로는 시티스캔, 바륨 관장검사 그리고 동맥 촬영검사 등이 있습니다.

Patient : I understand. But, I am not pregnant.

Physician : Have you ever had an allergic reaction to iodine?

Patient : No.

Physician : If you agree to this test, please sign your name by the "I consent" block.
If not, then, sign next to the "I decline" block.


환자 : 알겠습니다. 그러나, 저는 임신을 하지 않았습니다.

의사 : 해조류에 알레르기가 있으세요?

환자 : 아니요.

의사 : 이 검사에 동의하시면, 동의란에 서명을 하세요.
그렇지 않으면, 거절란에 서명을 하세요.

 ## 6 눈 검사

*Eye Examination*

정기적으로 시력검사를 받거나 안경이나 콘택트렌즈 처방을 받기 위해 검안의에게 가면, 어떠한 대화들이 이루어지는지 들어보겠습니다.


Kathy : I am here for my eleven o'clock (11:00 a.m.) appointment.

Receptionist : Just a moment, please. Yes, I see it here.


캐시 : 11시 예약이 있어 왔습니다.

접수원 : 잠깐 기다리세요. 네, 여기 있군요.

Receptionist : May I see your insurance card?

Kathy : Yes. Here it is.

Receptionist : Your co-payment will be thirty dollars, ($30).

How do you wish to pay it?

Kathy : Please charge this to my credit card. (Hands over the card to the receptionist)

Receptionist : Thank you, here is your card.

Please have a seat until you are called.


접수원 : 보험카드를 보여주세요.

캐시 : 네. 여기 있습니다.

접수원 : 코페이먼트가 30불이군요.

어떻게 내시겠어요?

캐시 : 크레디트카드로 내겠습니다. (접수원에게 카드를 내어주다)

접수원 : 감사합니다. 카드를 돌려 드립니다.

호명할 때까지 앉아 계세요.




Assist : Please follow me. Have a seat here.

I will tell the doctor you are here.


직원 : 이리 오세요. 여기 앉아 계세요.

의사 선생님께 오셨다고 알려드리겠습니다.

**Optometrist :** Hello? (Adjusting equipment in front of patient) Please, rest your chin here and look straight ahead.
Keep both eyes open.
Look at the blinking light.
Momentarily, you will feel a soft puff of air in each eye.
This will determine any abnormal pressure inside your eyes.
Next, I will test your visual acuity.
I will look into each eye, first the left, then the right.
(Doctor hands patient a small black paddle)

**의사 :** 안녕하세요? (환자 앞에서 검안기계를 맞추며) 턱을 여기에 대고 똑바로 보세요.
두 눈을 뜨고 계세요.
깜박거리는 불빛을 보세요.
잠시, 눈에 바람이 스치는 것을 느낄 수 있습니다.
안압의 이상을 보기 위한 것입니다.
다음은, 시력검사를 하겠습니다.
각 눈을 검사하겠으며, 우선 왼쪽 눈을 검사하고, 그 다음에 오른쪽을 검사하겠습니다.
(의사가 검은 눈가리개를 환자에게 건네준다.)

**Optometrist :** Now, hold this paddle in front of your right eye, look straight ahead at the chart on the wall.

Read from left to right, the smallest line of letters you can.

Okay, please cover your left eye this time.

Read the smallest line you can.

**Kathy :** I cannot see very well.

**Optometrist :** Okay. This time you will be looking through a series of lenses which will help you to see better or worse.

Look at the chart on the wall again.

I want you to tell me which is better, one, or two?

의사 : 자, 오른쪽을 가리개로 가리시고, 똑바로 벽에 있는 차트를 향해 보세요.

왼쪽에서부터 오른쪽까지 작은 선까지 읽어보세요.

이번엔 왼쪽 눈을 가리세요.

작은 선까지 읽으세요.

캐시 : 잘 보이지 않아요.

의사 : 알겠습니다. 이번엔 어느 것이 잘 보이는지 아닌지 검사하기 위해 렌즈를 향해 보시겠습니다.

벽에 있는 차트를 다시 보세요.

첫 번째와 두 번째 중에서 어느 것이 더 잘 보이는지 말씀하세요.

(Doctor flips lenses back and forth on the Ocular Acuity Device. After several repetitions, the doctor finishes.)

Optometrist : Okay, we are done.

You are myopic, or near-sighted.

I will write you a prescription for the proper eyeglasses.

You do not have any other common eye ailments.

No astigmatism.

Kathy : Thank you.


(의사는 검안 검사기계를 앞과 뒤로 돌린다. 여러 번의 반복 후, 끝낸다.)

의사 : 모두 끝났습니다.

근시가 있군요.

안경 처방전을 써드리겠습니다.

눈에 다른 이상은 없군요.

난시는 없습니다.

캐시 : 감사합니다.

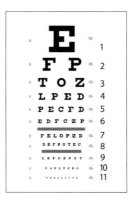

**eyesight test chart**
시력검사표

## 단어 모음

### 1. 진료 검사 예약하기

☑ available [əvéiləbl] 이용할 수 있는

☑ referral [rifə́:rəl] 의뢰

☑ suitable [sú:təbl] 적당한

☑ ultrasound screening 초음파검사

### 2. 소변 검사

☑ direction [dirékʃ(ə)n] 방향

☑ hallway [hɔ́:lwèi] 복도

☑ sign in 서명하다

☑ specimen [spésimin] 검사물

☑ urine test 소변검사

### 3. 혈액 검사

☑ arrow [ǽrou] 화살표, 화살

☑ bandage [bǽndidʒ] 반창고

☑ come in 들어가다

☑ draw [drɔ:] 뽑다

☑ firmly [fə́:rmli] 단단하게

☑ prick [prik] 찌름, 찌르다

## 단어 모음

- ☑ relax [rilǽks] 완화하다
- ☑ roll up (소매를) 올리다
- ☑ squeeze [skwi:z] 꼭 쥐다
- ☑ straight up 똑바로 올리다
- ☑ take a seat 의자에 앉다
- ☑ tourniquet [túːərnikit] 지혈을 위한 고무줄
- ☑ wrap [ræp] 싸다, 둘러싸다

### 4. 방사선 검사

- ☑ be seated on ~에 앉다
- ☑ develop [divéləp] 현상하다
- ☑ lie [lai] 눕다
- ☑ put on 입다
- ☑ radiology [rèidiάlədʒi] 방사선
- ☑ technician [tekníʃ(ə)n] 기술자
- ☑ turn on 돌리다
- ☑ wait outside 밖에서 기다리다

### 5. 조영제 시술 동의서

- ☑ administer [ədmínistər] 시행하다

## 단어 모음

- ☑ and so forth ~따위, 등등
- ☑ circulate [sə:rkjulèit] 순환하다
- ☑ consent [kənsént] 동의
- ☑ contrast material 조영제
- ☑ decline [diklain] 사절하다, 기울다
- ☑ inform [infɔːrm] 알리다
- ☑ internal organ 내장
- ☑ intravenous injection 정맥주사
- ☑ vein [véin] 정맥
- ☑ visualize [víʒuəláiz] 눈에 보이게 하다

### 6. 눈 검사

- ☑ abnormal [æbnɔ́:rm(ə)l] 비정상인, 이상의
- ☑ acuity device 시력검사 기계
- ☑ acuity [əkjú:iti] 예민
- ☑ ailment [éilmənt] 병
- ☑ astigmatism [əstígmətiz(ə)m] 난시
- ☑ be here for ~을 위하여 여기 왔다
- ☑ blink [bliŋk] 깜박거리다
- ☑ eyeglasses [áiglæ:siz] 안경
- ☑ hand over 양도하다, 넘겨주다

## 단어 모음

☑ in front of 앞에

☑ look straight ahead 앞을 똑바로 보다

☑ look through 훑어 보다

☑ momentarily [móuməntèrili] 잠깐

☑ paddle [pǽdl] 짧고 폭 넓은 주걱 모양

☑ puff [pʌf] (바람) 훅 불음

☑ repetition [rèpitíʃən] 반복

☑ visual [víʒuəl] 시력의

# 제9장 각종 대화

## Various Dialogue

### 1 소아과의사와의 대화 (예방접종)

*Conversation with Pediatrician (Immunizations)*

**Mother :** I would like to know what the immunization schedule should be for my newborn.

**Doctor :** Certainly, I can give you a chart to follow.
It will begin shortly after birth if there are no complications from the birthing process.
This is called the "Well-baby Growth Map."
It covers just about everything you need to know after you take a newborn home.
It also shows time schedules for routine checkups, early childhood diseases, a growth log and many other useful tips to help you avoid "New-Mother Anxiety."

**엄마 :** 우리 아기 예방접종 스케줄을 알고 싶습니다.

**의사 :** 알겠어요. 예방접종 도표를 드리겠습니다.
출생에 따르는 합병증이 없으면 곧 접종을 시작합니다.
이것은 '아기 성장 지침서'라고 부릅니다.
신생아를 집으로 데려가신 후 알아야 할 모든 사항들이 있습니다.
거기에는 정기점검을 받을 시기, 소아 질환, 성장일지 그리고 "초산부 불안증"을 해소하는 여러 가지 유익한 것들을 보여줍니다.

Mother : Thank you very much.

By the way, my baby has a blue mark on his buttock.

I was wondering what caused it.

Doctor : That is probably a birthmark.

Most birthmarks fade away after a time.

Mother : Oh, I see.

My baby is so tiny that I'm afraid to hold him.

Doctor : You need not be afraid or anxious.

Just support the baby's head and neck with the palm of your hand.

It will soon seem perfectly natural to you.

Babies are pretty flexible after all, to a point.


엄마 : 대단히 감사합니다.

그런데, 아기 엉덩이에 푸른 반점이 있어요.

그것이 무엇 때문에 생겼는지 궁금했습니다.

의사 : 아마 모반(출생과 함께 생긴 것)입니다.

대부분의 모반은 시간이 지나면 없어집니다.

엄마 : 아, 알겠어요.

아기가 너무 작아서 안기가 겁납니다.

의사 : 불안해가거나 겁내지 마세요.

그냥 손바닥으로 머리와 목을 받치세요.

곧 자연스럽게 안을 것입니다.

아기가 얼마 후 쉽게 몸을 가눌 거예요.

**Doctor** : Before you leave, make a June date for a DPT
shot.

**Mother** : Thank you doctor. I'll make the appointment.
I feel more confident now.

의사 : 가시기 전에 6월경에 맞을 DPT 예방접종을 위해 예약을 하세요.

엄마 : 감사합니다. 선생님. 예약을 하지요.
이제 자신감이 생기는 것 같아요.

* 주사를 미국에서는 shot이라고 표현합니다.
예를 들어서 "팔에 주사를 놓겠습니다."라고 한다면, I will give you a
shot in your arm.이라고 표현합니다.

## 2  아기 엄마들의 대화
*Conversation between New Mothers*

두 아기 엄마가 아기의 진료를 받기 위해 대기실에서 기다리는 동안 서
로 대화를 나누고 있습니다.

**Mom 1** : Hi, how are you today?

엄마 1 : 안녕하세요?

Mom 1 : Oh, your baby is really cute.

Mom 2 : Hi, I'm fine. And you?

Oh, your baby is so cute.

How old is she?

Mom 1 : She is eight weeks, today.

How old is your baby?

Mom 2 : My son will be twenty four weeks tomorrow.

He is beginning to cut his front teeth.*

Aren't they so tiny and cute?

They make him irritable at night though.

Mom 1 : Yes, they are cute.

I guess my daughter will soon be cutting her teeth too.


엄마 1 : 어머, 아기가 정말 귀엽군요.

엄마 2 : 좋아요. 댁도 안녕하세요?

어머, 아기가 정말 귀여워요.

몇 달 되었어요?

엄마 1 : 오늘로 8주 되었어요.

댁의 아기는 몇 달이 되었어요?

엄마 2 : 우리 아들은 내일 24주가 되요.

앞니가 나고 있어요*.

조그마한 것이 귀엽지요?

이가 나니까 밤에 보채요.

엄마 1 : 네, 정말 귀엽군요.

제 아기도 곧 이가 나겠지요.

**tooth**
치아

**Mom 1 :** We're here today for her first DPT shot.

**Mom 2 :** Really? My son has been continually sucking his thumb.

I want to check this out with his doctor.

Maybe I'm not doing something right.

**Mom 1 :** Oh, you shouldn't worry too much about that.

Don't you have the child development booklet?

I got one from my doctor.

It has great tips on raising babies.

**Mom 2 :** No, I didn't get one when my son was born.

I'll ask my doctor for one. Thanks.

**Mom 1 :** You're welcome.

I was really anxious until I started using it with my daughter.


**엄마 1 :** 오늘 첫 번째 DPT 주사를 맞으러 왔어요.

**엄마 2 :** 그러세요? 우리 아기가 손가락을 계속 빨아요.

의사 선생님께 여쭈어 보려고요.

제가 뭘 잘못하고 있지는 않는지 모르겠어요.

**엄마 1 :** 아, 너무 걱정하지 마세요.

아기 성장에 관한 책자가 있나요?

의사 선생님에게 하나 받았어요.

아기 기르는 데 알아야 할 좋은 상식이 담겨 있지요.

**엄마 2 :** 아뇨, 우리 아기 낳았을 때 받지 못했어요.

의사 선생님에게 달라고 해야겠어요. 고마워요.

**엄마 1 :** 천만에요.

딸아이 키우면서 이것을 사용하기 전에는 정말 걱정을 했어요.

\* 아기의 성장은 개인별로 차이가 있고 몇 개월이 지나면 첫니가 나고, 이가 난다는 표현을 cut이라는 동사를 사용하여 표현합니다. 잇몸을 뚫고 나온다는 표현이 되겠습니다. 그러므로 "앞니가 나고 있다."는 표현을 할 때에는 He(She) is beginning to cut his front teeth.라고 표현합니다.

## 3 가정방문 간호서비스 신청하기
*Requesting Home Health Services*

정부 보험인 메디케어에 해당되는 부모님이 계실 경우 가정방문 간호서비스를 신청할 수 있습니다. 환자에 관한 여러 가지 혜택이 있으며 어떤 혜택이 있는지 캐티와 사무원이 나누는 대화를 들어보겠습니다.

**Kathy :** My 80-year-old mother had extensive surgery.
I am not able to manage her daily activities.
What must I do to obtain a nurse to visit her at home for a while?

**Clerk :** Start with these application forms.
Complete them here or bring them back to me at a later time.

**캐티 :** 80세 되신 저희 어머니께서 대수술을 받았습니다.
어머님의 일거수 일투족(하루의 일과)을 도와드리기가 힘듭니다.
얼마 동안 방문 간호사를 신청하기 위해 무엇을 해야 하나요?

**직원 :** 먼저 신청서를 작성하셔야 합니다.
여기서 작성하시든지 아니면 작성하셔서 나중에 가져오시든지 하세요.

Clerk : Do you have any other questions I might answer at this time?

Kathy : Yes. How often might a nurse visit my mother?

Clerk : Typically, twice a week a home health care giver will visit a patient.
It could be more often depending on the case history and recommendations of a presiding doctor.

Kathy : What are some of the functions a nurse might perform?

Clerk : Most of the duties are described in the application form instructions.
Minimally, a patient will have the vitals monitored, such as blood pressure, pulse rate and temperature.
Surgical wounds will also be checked and dressing will be changed as necessary.


직원 : 지금 답을 줄 만한 다른 질문이라도 있으신지요?

캐티 : 네. 얼마나 자주 방문 간호사께서 저희 어머님을 방문하시나요?

직원 : 보편적으로, 일주일에 두 번 환자 방문을 합니다.
담당의사의 의뢰나 건강 상태에 따라 더 자주도 방문합니다.

캐티 : 방문 간호사는 무엇을 하나요?

직원 : 신청 안내서에 자세한 설명이 나와 있습니다.
최소한 환자 바이탈 사인으로 혈압, 맥박 그리고 체온을 잽니다.
수술부위를 검사하고 드레싱도 필요에 따라 바꾸어줍니다.

Clerk : If the patient requires it, bathing assistance and attention to physical hygiene might be warranted. Medications and certain injections will be administered according to the physicians orders.

Kathy : What other kinds of home assistance might be provided?

Clerk : Those are routine home chores, such as cleaning, bathing, cooking, shopping etc..

Kathy : For the present time, I can do those daily chores you mentioned.
What I need most is the help of a home health care nurse to attend to the post-surgery protocol.

Clerk : Your mother can begin receiving the help she needs as soon as the applications are returned and approved.


직원 : 환자의 요청에 의하여, 목욕과 일반 위생에 관한 서비스도 해줍니다. 투약과 주사도 의사의 지시에 의해 실행합니다.

캐티 : 그 외에 다른 가정 보조서비스는 무엇이 제공되나요?

직원 : 그것은 일상생활에 필요한 잡다한 것으로 청소, 목욕, 요리, 쇼핑 등입니다.

캐티 : 현재는 방금 말씀하신 일상 생활에 필요한 것은 제가 할 수 있습니다.
현재 제가 필요한 서비스는 방문 간호사께서 수술 후 환자 관리를 해주셨으면 합니다.

직원 : 신청 서류가 승인을 받으면 댁의 어머니께서 곧 혜택을 받을 수 있습니다.

**Kathy :** Well, I had better get these forms back to you right away.

I'll see you soon, Thanks.

**캐티 :** 글쎄요, 제가 곧 작성해서 가져다 드리겠습니다.

곧 뵙겠습니다. 감사합니다.

---

## 4 건강 설문조사
*Health Questionnaire*

클리닉을 방문하면 진료를 받기 전에 간단히 건강에 관한 간단한 설문조사를 합니다. 질문은 여러 형태가 있겠지만 일반적으로 묻는 내용은 "네"와 "아니요"로 답을 하는 형식으로 엮어져 있으며 주로 본인이 작성을 하게 됩니다. 때로는 여기에서 보여주는 것과 같이 대화를 하면서 작성을 하기도 합니다. 그러면 간호사의 질문을 들어보겠습니다.

 **남자와 여자의 경우**
*Male and female*

**Nurse :** Good Morning.

**간호사 :** 안녕하세요.

Nurse : I will ask you some questions about your overall health.
Please answer with a "Yes or no" to each question, okay?

Patient : Very well, I am ready.

Nurse : Do you smoke?

Patient : No.

Nurse : Do you use recreational drugs?

Patient : No.

Nurse : Do you drink alcoholic beverages?

Patient : Yes.

Nurse : How much do you drink?

Patient : I drink one can of beer a day.


간호사 : 전반적인 건강에 관해 질문을 하겠습니다.
각 질문에 "네 또는 아니요"로 답해주세요, 아시겠죠?

환자 : 좋습니다, 준비되었습니다.

간호사 : 담배를 피우세요?

환자 : 아니요.

간호사 : 마약을 사용하십니까?

환자 : 아니요.

간호사 : 술을 마십니까?

환자 : 네.

간호사 : 얼마나 마십니까?

환자 : 하루에 맥주 한 캔을 마십니다.

Nurse   : Do you exercise regularly?

Patient : Yes.

Nurse   : Do you visit your doctor routinely?

Patient : Yes.

Nurse   : Do you eat a low-fat and high fiber diet?

Patient : Yes.

Nurse   : Are you sexually active?

Patient : Yes.

Nurse   : Have you ever had a sexually transmitted disease?

Patient : Yes. I had a gonorrhea around ten years ago.

간호사 : 정규적으로 운동을 하십니까?

환자 : 네.

간호사 : 정규적으로 의사의 진료를 받습니까?

환자 : 네.

간호사 : 저 지방과 고 섬유질 식사를 하십니까?

환자 : 네.

간호사 : 적극적인 성생활을 하십니까?

환자 : 네.

간호사 : 성병을 앓으신 적이 있습니까?

환자 : 네. 10년 전에 임질(성병)을 앓았습니다.

예문 2 **여자의 경우**
*Female only*

**Nurse** : Do you do a monthly breast exam?

**Patient** : Yes.

**Nurse** : Do you think you are at risk for osteoporosis?

**Patient** : No.

**Nurse** : Do you have any bladder leakage problems?

**Patient** : No.

**Nurse** : Do you think you are in domestic violence situation?

**Patient** : No.

**Nurse** : Thanks. That's all.

간호사 : 매달 정규적으로 유방 자가 검사를 하십니까?

환자 : 네.

간호사 : 본인은 골다공증의 위험이 있다고 생각하십니까?

환자 : 아니요.

간호사 : 요실금 문제가 있으십니까?

환자 : 아니요.

간호사 : 가정 폭력에 시달리십니까?

환자 : 아니요.

간호사 : 감사합니다. 이것이 전부입니다.

# 5 COVID-19와 관련된 대화
*Conversation about COVID-19*

간호사인 Mary가 친구인 John에게 안부 전화를 걸었는데 John의 건강 상태를 듣고 COVID-19(corona virus disease 19)에 관한 여러가지 상식을 John에게 알려주면서 대화를 이어갑니다.

**Mary :** Hi John, how have you been? Will I be able to see you today?

**John :** I'm sorry, I don't think so. I'm not feeling well. I just returned from my business trip last week. Since my return, I've been experiencing flu-like symptoms.

**Mary :** What kind of symptoms do you have?

**John :** My body aches and I have a mild fever, so I took 1 tablet of Tylenol 500 mg an hour ago.

**Mary :** Best to take a COVID-19 test. Do you have a test kit?

**John :** I think so.

메리 : 안녕 존, 잘 있었어? 오늘 볼 수 있을까?

존 : 미안해. 그럴 수 없어. 몸이 좋지 않아. 지난주에 출장에서 막 돌아왔어. 돌아온 후부터 독감 증상이 있어.

메리 : 무슨 증세가 있어?

존 : 열이 있고 몸살이 나서 타이레놀 500 밀리그램 한 알을 한 시간 전에 복용했어.

메리 : 코로나19 테스트를 해야겠네. 테스트 키트는 있어?

존 : 그런 것 같아.

Mary : COVID-19 is similar to the flu.

John : What are the similarities?

Mary : COVID-19 and the flu are both contagious respiratory diseases.

The viruses spread through respiratory droplets or aerosols, which are released when a person coughs, sneezes or talks.

The viruses can also spread if you touch a surface contaminated with one of the viruses and then touch your eyes, nose, or mouth.

John : What symptoms do they have in common?

Mary : Fever, tiredness, cough, difficulty breathing, sore throat, runny/stuffy nose, muscle aches, headache, nausea, and/or vomiting.

Pneumonia can be a serious complication. Some other complications may include organ failure, blood clots, and/or secondary infection.


메리 : 코로나19는 독감과 비슷해.

존 : 무엇이 유사하지?

메리 : 코로나19와 독감은 둘 다 호흡기로 전염되는 호흡기 질환이야.

바이러스는 사람이 기침, 재치기, 또는 말할 때 작은 물방울 (비말)을 통해서 전염되지.

바이러스는 바이러스들로 오염된 표면을 만지고 나서 눈, 코, 또는 입을 만지면 전염 될 수 있어.

존 : 보통 무슨 증세가 있어?

메리 : 열, 피곤함, 기침, 호흡곤란, 인후염, 콧물/코 막힘, 근육통, 두통, 메스커움, 그리고/또는 구토.

폐렴는 위험한 합병증이야. 다른 합병증으로는 장기기능상실, 혈전, 그리고/또는 이차감염들을 포함 할 수 있지.

In addition, some may experience post-COVID symptoms such as: fatigue, fever, cough, chest pain, headache, diarrhea, and sleep problems. Some people may also continue to have an altered sense of taste and smell.
Severe illness is more frequent with COVID-19 than with the flu.

John : I got a third COVID booster shot before my trip. Is there a vaccine against the Omicron variant?

Mary : Yes, there is. There are COVID-19 vaccine boosters that target the Omicron variant.

John : I think I need the booster shot.

Mary : Vaccination can help reduce the severity of COVID-19.
Additionally, prevention of the spread of the COVID-19 virus serves to protect both yourself and others.

게다가 어떤 사람들은 코로나 후유증도 경험하는데 그것으로는 피곤, 열, 기침, 흉통, 두통, 설사 그리고 수면장애가 있어.
어떤 사람들은 미각과 후각 기능의 이상을 계속가지고 있기도 해.
독감보다 코로나 19가 자주 심한 증상을 보여주고 있어.

존 : 출장가기 전에 세번째 코로나 예방접종을 맞았어. 오미크론 예방접종은 있어?

메리 : 응, 있어. 오미크론을 타겟으로 하는 예방접종들이 있어.

존 : 내가 부스터 샷이 필요한 것 같아.

메리 : 백신이 코로나19의 중증 증세를 줄어주고 있어.
게다가 코로나 19 바이러스가 퍼지는 것을 예방하는 것이 너와 다른 사람 모두를 보호할 것이야.

Some examples of prevention:

Avoid close contact with anyone who is sick or has symptoms.

Keep a distance between yourself and others.

Wash your hands often.

Cover all coughs and sneezes.

Avoid crowds and poorly ventilated spaces.

Monitor your symptoms if you are sick.

Wear a well-fitted mask if you are sick or when you are in indoor public spaces

Get rest and stay hydrated.

John : I am so lucky to have you. Thank you for the information. I will stay home until I am fully recovered.

Mary : You are always such a great listener. Take care and I hope you feel better soon!


예방 사례들을 들자면:

증세를 가지고 있거나 아픈 사람과 가까운 접촉은 피한다.

너와 다른 사람 사이에 거리를 둔다.

손을 자주 씻는다.

기침이나 재채기할 때 가린다.

군중과 환기가 잘 안되는 곳을 피한다.

아프다면 증세를 살핀다.

아프거나 군중이 모인 실내에 있을 때 꽉 쪼이는 마스크를 사용한다.

수분을 섭취하고 휴식을 취한다.

존 : 네가 있어 정말 행운이다. 정보를 알려줘서 고마워. 완전히 회복할 때까지 집에 머물러야겠어.

메리 : 너는 정말 훌륭한 경청자야. 몸조리 잘하고 곧 회복하기를 바란다.

## 단어 모음

### 1. 소아과의사와의 대화

☑ anxiety [æŋ(g)záiəti] 불안, 걱정

☑ anxious [ǽŋ(k)ʃəs] 불안한

☑ avoid [əvɔ́:id] 피하다

☑ birth [bə:rθ] 출생

☑ cause [kɔ:z] 원인이 되다

☑ checkup [tʃékʌ:p] 검진

☑ childhood [tʃáildhùd] 유년기

☑ complication [kàmplikéiʃ(ə)n] 합병증

☑ confident [kánfid(ə)nt] 자신있는

☑ fade away 사라지다

☑ flexible [fléksibl] 구부리기 쉬운

☑ growth [gróuθ] 성장

☑ log [lɔ:g] 일지

☑ mark [ma:rk] 점

☑ process [práses] 과정

☑ support [səpó:rt] 유지하다, 버티다

☑ tip [tip] 힌트

### 2. 아기 엄마들의 대화

☑ begin [bigín] 시작하다

☑ booklet [búklit] 작은 책자

## 단어 모음

- ☑ cute [kjuːt] 귀여운
- ☑ irritable [íritəbl] 과민한
- ☑ raise [reiz] 키우다
- ☑ shot [ʃat] 주사
- ☑ suck [sʌk] 빨다
- ☑ though [ðou] 비록 ~ 이지만
- ☑ tiny [táini] 아주 작은

### 3. 가정방문 간호서비스 신청하기

- ☑ according to ~에 의하면
- ☑ activity [æktíviti] 활동범위, 활동력
- ☑ administer [ədmínistər] 시행하다
- ☑ answer [ǽnsər] 대답하다
- ☑ approve [əprúːv] 인가하다
- ☑ as soon as 곧
- ☑ assistance [əsíst(ə)ns] 보조
- ☑ attend [əténd] 열중하다
- ☑ attention [əténʃ(ə)n] 집중
- ☑ chore [tʃoːr] 허드렛일
- ☑ depend on 좌우되다
- ☑ describe [diskráib] 묘사하다
- ☑ extensive [iksténsiv] 대규모의

## 단어 모음

- ☑ hygiene [háidʒi:n] 위생
- ☑ instruction [instrʌ́kʃ(ə)n] 지시
- ☑ manage [mǽnidʒ] 관리하다
- ☑ mention [ménʃ(ə)n] 언급하다
- ☑ minimally [mínim(ə)li] 최소한
- ☑ monitor [mɑ́nitər] 측정하다
- ☑ necessary [nésisèri] 필요한
- ☑ post [poust] 후의
- ☑ preside [prizɑ́id] 담당하다
- ☑ protocol [próutəkɑ̀l] 규정
- ☑ recommendation [rèkəmendéiʃ(ə)n] 추천
- ☑ request [rikwést] 요청하다, 요구
- ☑ require [rikwɑ́iər] 요구하다
- ☑ right away 당장
- ☑ routine [ru:tí:n] 일상, 일상의
- ☑ surgical [sə́:rdʒik(ə)l] 외과의
- ☑ visit [vízit] 방문하다
- ☑ vital [vɑ́itl] 생명의 중요기관
- ☑ warrant [wɔ́:r(ə)nt] 보증, 보증하다
- ☑ wound [wu:nd] 상처

## 단어 모음

### 4. 건강 설문조사

- ☑ alcoholic beverage 술
- ☑ bladder [blǽdər] 방광
- ☑ domestic [do(u)méstik] 가정 내의
- ☑ fiber [fíbər] 섬유질
- ☑ gonorrhea [gànərí:ə] 임질
- ☑ leakage [lí:kidʒ] 누출, (오줌이) 샘
- ☑ osteoporosis [àstioupəróusis] 골다공증
- ☑ overall [óuvərɔ:l] 전반적인
- ☑ recreational drug 마약
- ☑ sexually [sékʃu(ə)li] 성적으로
- ☑ situation [sitʃuéiʃən] 상황
- ☑ transmitted [trænsmítid] 옮기는
- ☑ violence [vάiələns] 폭력

### 5. COVID-19와 관련된 대화

- ☑ flu-like symptoms 독감 증세(influenza(인플루엔자)와 the flu(플루)는 같은 뜻으로 사용)
- ☑ similarity [ˌsɪməˈlærəti] 유사, 비슷함
- ☑ contagious [kənˈteɪdʒəs] 전염성의
- ☑ respiratory [ˈrespərətɔːri] 호흡기
- ☑ droplet [ˈdrɑːplət] 비말

## 단어 모음

- ☑ aerosol ['erəsɑːl] 공중에 있는 작은 물방울

- ☑ release [rɪ'liːs] 풀어지다, released 풀어진

- ☑ spread [spred] 퍼지다

- ☑ surface ['sɜːrfɪs] 표면

- ☑ contaminate [kən'tæmɪneɪt] 오염되다, contaminated 오염된

- ☑ pneumonia [nuː'moʊnjə] 폐렴

- ☑ alter ['ɔːltə(r)] 바꾸다, altered 바뀐

- ☑ illness ['ɪlnəs] 질병

- ☑ booster shot(booster dose) 예방접종을 한 후 계속해서 그 효과를 유지하기 위해 추가 예방접종을 하는 것

- ☑ severity [sɪ'verəti] 심각성

- ☑ ventilate ['ventɪleɪt] 환기하다, ventilated 환기된

- ☑ well-fitted [wélfítid] 잘 맞는

- ☑ listener ['lɪsənə(r)] 경청자

# 제2부

# 건강 관리
## Health Management

제 2부에서는 앞에서 다룬 내용을 좀 더 보강하여 폭넓고 다양한 내용을 추가하였습니다. 독자 여러분이 표현하고자 하는 내용에 한발짝 더 다가가서 알기 쉽고 정확하게 증상을 표현할 수 있도록 구성했습니다.

본인이 직접 증상을 느끼고, 문제를 알아차렸다면 그것을 의료진에게 전달하는 것은 매우 중요합니다.

그리고 의료진이 요구하는 것과 그들이 전달하는 정보를 이해해야, 즉 증상과 관련해서 원활하게 의사소통을 할 수 있어야 제대로 된 도움을 받을 수 있습니다. 실제 상황에서 자주 사용하는 표현과 대화를 통해 병원을 이용하는 데 불편함과 소통 부재에서 오는 불안감을 줄일 수 있을 것입니다.

# 제1장 통증 관리
## Pain Management

**2부**

MEMO

통증은 주관적인 것으로 본인만이 잘 알 수가 있습니다. 몸의 어떤 부위가 아플 경우 통증의 특성을 표현하는 방법은 여러 가지가 있으며 여기에 나열한 순서를 잘 이해한다면 쉽게 의료진과 의사 전달을 할 수 있습니다.

**예문 1** **특징**
*Quality*

**Question :** What kind of pain do you have?
Is it dull, shooting, burning, sharp…?
**Answer :** I have dull pain.

**질문 :** 어떤 통증이 있나요?
둔한, 쑤시는, 쓰라린, 날카로운 통증인가요?
**답변 :** 둔한 통증이 있어요.

예문 2 **위치**
*Point*

**Question :** Will you point to where your pain is?
**Answer :** I have pain in my <u>body part</u>.
head, eye, teeth, ear, nose
shoulder, elbow
arm, hand
leg, foot
knee, hip
abdomen
back, right (or left) waist
chest, breast

**질문 :** 아픈 부위가 어디인지 지적해 보시겠어요?
**답변 :** 저의 <u>신체부위</u>에 통증이 있습니다.
머리, 눈, 치아, 귀, 코
어깨, 팔꿈치
팔, 손
다리, 발
무릎, 엉덩이
배
등, 오른쪽(또는 왼쪽) 허리
가슴, 유방

**elbow pad**
팔꿈치 패드

예문 3 **발산**
*Radiation*

**Question** : Does it radiate (or travel) to other parts of your body?

**Answer** : The pain travels to my neck and shoulders.

It radiates to my legs.

My lower back pain shoots down to my right sole.

I feel a numbness and tingling sensation in my right leg.

**Question** : What makes it better?

**Answer** : I feel better in an upright position.

I feel better in a sitting position.

My pain is relieved by a squatting position.

**질문** : 통증이 다른 부위로 뻗치나요?

**답변** : 통증이 목과 어깨로 옮겨가요.

다리로 옮겨가요.

허리통증이 오른쪽 발바닥까지 뻗쳐요.

오른쪽 다리가 무감각하고 저려요.

**질문** : 어떻게 하면 통증이 덜한가요?

**답변** : 똑바로 있으면 덜해요.

앉아 있으면 좀 덜해요.

웅크리고 있으면 통증이 완화되요.

**Question :** What makes it worse?

**Answer :** I feel more pain when I move.

I have more pain when I lie down.

**질문 :** 무엇이 통증을 심하게 하나요?

**답변 :** 움직이면 더 심해지는 것을 느껴요.

누워 있으면 더 통증이 심해요.

예문 4  강도
*Severity*

**Question :** Please rate your pain from 0, which is no pain, to 10, which is the worst pain you've ever had.

**Answer :** I can say, "5."

**Question :** Are there any signs or symptoms associated with your pain?

**Answer :** I have diarrhea. (nausea, vomiting, or other symptoms…)

**질문 :** 통증이 없는 0부터 가장 심하게 통증이 느껴지는 10까지 중 환자 분의 통증은 어느 정도의 강도인지 측정해 보세요.

**답변 :** 5 정도인 것 같아요.

**질문 :** 통증과 함께 동반되는 다른 증상이 있나요?

**답변 :** 설사가 있어요. (메스꺼움, 구토, 또는 다른 증상이 있습니다.)

**예문 5** 때

*Time*

Question : When did your pain begin?

Answer : It started a week ago (or 3 days ago…). (time)

Question : For how long has it lasted?

Answer : It has lasted for about four days now.

Question : Is your pain constant, intermittent, or occasional?

Answer : I have constant pain.

I have intermittent (occasional) pain.

My pain comes on and off.

Question : Does your pain start suddenly or gradually?

Answer : It starts suddenly.

It starts gradually.


질문 : 언제 통증이 시작되었나요?

답변 : 일주일 전에 시작됐어요.(또는 삼일 전에 시작됐어요.) (시간)

질문 : 얼마 동안 지속되었나요?

답변 : 대략 4일 정도 됐어요.

질문 : 통증이 지속적, 간헐적, 또는 때때로 있나요?

답변 : 지속적이에요.

통증이 이따금 있어요.

통증이 있다 없다 해요.

질문 : 통증이 갑자기 시작되나요, 아니면 서서히 시작되나요?

답변 : 갑자기 시작되요.

서서히 시작되요.

# 제2장
# 건강 설문조사
## Health Questionnaire

클리닉에 갈 경우 첫날은 설문지를 주며 환자에게 작성하게 하는데 몇 가지 예문을 통하여 어떤 내용의 질문을 하는지 알아 보겠습니다. 첫 페이지는 환자의 신상에 관한 사항 즉 이름, 주소, 생년월일, 직업, 그리고 보험관계 등을 묻고 그 다음은 병력이나 현재 증상들을 묻습니다. 그러면 여러 가지 내용의 질문지를 경험해 보겠습니다.

## 1 신상에 관한 양식
*Demographic Intake Form*

1. Name : _____
2. Address : _____
3. Home Phone : _____
4. Cell Phone : _____
5. Date of Birth : _____
6. Sex : Male □     Female □

1. 이름 : _____
2. 주소 : _____
3. 집전화 번호 : _____
4. 핸드폰 번호 : _____
5. 생일 : _____
6. 남녀성별 : 남자 □     여자 □

7.  Height : _____

    Weight : _____

8.  Social Security Number : _____

9.  Marital Status : Married □  Single □  Widowed □

    Divorced □  Separated □  Minor □

10. Insurance Name and Address : _____

11. Occupation : _____

12. Employer Name : _____

13. Employer Address : _____

14. Emergency Contact : _____

14. Phone : _____  Relationship : _____

15. Signature : _____  Date : _____


7.  키 : _____

    몸무게 : _____

8.  주민등록번호 : _____

9.  결혼 상태 : 결혼함 □  미혼 □  미망인 □

    이혼 상태 □  별거 중 □  미성년자 □

10. 보험회사 이름과 주소 : _____

11. 직업 : _____

12. 회사 이름 : _____

13. 회사 주소 : _____

14. 응급시 연락처 : _____

    전화번호 : _____  환자와의 관계 : _____

15. 서명 : _____  날짜 : _____

I understand and agree that I am ultimately responsible for the balance of my account for any professional services rendered, that I have read all the information on this sheet, and have completed the above questions. I certify this information is true and correct to the best of my knowledge. I will notify you of any changes in my status or the above information.

Signature : _____ Date : _____

Printed Name : _____

나는 이 질문지를 모두 읽었고 질문에 답하였으며 전문의료 서비스에 관한 비용을 궁극적으로 책임질 것이며 이를 이해하고 동의합니다. 나는 내가 알고 있는 사항 안에서 사실대로 서류를 작성하였음을 증명합니다. 나는 위의 작성된 사항들 중에서 변동이 있을 경우 연락을 취하겠습니다.

서명 : _____ 날짜 : _____

인쇄체 : _____

## 2 병력
*Medical History*

환자의 병력을 질문하는 방법은 여러 형태가 있는데 몇 가지 예문을 들어 보겠습니다.

### 예문 1 현재와 과거의 건강상태
*Present and Past Medical History*

1. What is the medical reason for today's visit?
2. Are you left - or right - handed?
3. Do you regularly take any over-the-counter and / or prescription medication? Please list and provide reasons _____
4. Are you allergic to any medications? No / If yes, Vicodine ☐ Penicillin ☐ Sulfa ☐ Codeine ☐ Others _____

1. 오늘 방문한 건강상 이유는 무엇인가요?
2. 왼손이나 오른손 중 어느 손을 주로 사용하는지요?
3. 정기적으로 일반약과 처방약 모두 또는 그 둘 중 하나를 복용하는지요?
   약 이름과 그 약을 복용하는 이유를 적으세요. _____
4. 약에 알레르기가 있나요? 아니요 / 네라면, 바이코딘 ☐ 페니실린 ☐ 설파 ☐ 코데인 ☐ 기타 _____

5. What happens? Nausea, dizziness, vomiting, headache, stomach ache, muscle ache, diarrhea, constipation, depression, loss of memory, etc.
6. Do you have allergies to food / latex / dye / others? No / If yes, please describe _____
7. Where are you having pain?
8. How did your pain start? Suddenly / gradually / after accident
9. Does the pain spread anywhere? If yes, where?
10. How severe is the pain on a scale of 1-10?
11. When do you have severe pain?
12. What activities make the pain worse?
13. What treatments/positions decrease the pain?

5. 무슨 증상이 있었나요? (약물 알레르기에 관한 증상을 적음) 메스꺼움, 현기증, 구토, 두통, 위장통, 근육통, 설사, 변비, 우울증, 기억력 상실 등
6. 음식 / 라텍스 / 염색 / 기타에 알레르기가 있는지요? 아니요 / 네라면, 설명하세요. _____
7. 어디에 통증이 있나요?
8. 통증이 어떻게 시작되었나요? 갑자기 / 점차적으로 / 사고 후
9. 통증이 다른 신체 부위로 옮겨 가나요? 만약 그렇다면, 어디가 불편하세요?
10. 1번에서 10번까지의 척도로 통증의 강도는 어떤가요? (1번은 가장 약한 증상, 10번은 가장 심한 증상)
11. 언제 강한 통증이 있나요?
12. 어떤 활동이 통증을 더 심하게 하나요?
13. 어떤 치료 또는 자세가 통증을 완화시키나요?

14. Which type(s) of diagnostic tests have been performed?
    MRI / CT scan / X-ray / Ultrasound / EMG* / Other
15. Do you have any significant medical problems?
16. Have you had any surgery?
17. Have you had an illness such as cold, cough or fever within the last week?
18. Have you had recent unexplained weight loss?
19. Do you have a loss of appetite?
20. Is there a possibility you are pregnant? Last menstrual period _____
21. Do you have a history of smoking? Packs/day _____
    Cigarettes/day _____ # of years _____
    Date Quit _____

14. 진단적 검사는 무엇을 받았는지요?
    엠아르아이 / 시티스캔 / 엑스레이 / 초음파 / 이엠지* / 기타
15. 건강에 중요한 문제가 있나요?
16. 수술한 적이 있었나요?
17. 지난주에 감기, 기침 또는 열이 난 병력이 있으세요?
18. 최근에 원인을 알 수 없는 체중감소가 있었나요?
19. 입맛이 떨어졌나요?
20. 임신 가능성이 있나요? 마지막 월경은 언제인지 _____
21. 흡연 기록이 있나요? 하루에 몇 갑
    하루에 몇 개비 _____ 몇 년 동안 얼만큼 _____
    금연날은 언제인지 _____

\* EMG(Electromyography)는 다리나 팔의 근전도 검사

MEMO

22. Do you drink alcoholic beverages? How often _____
    How much _____
23. Do you have a history of substance abuse or
    addiction?
24. Have you taken oral or injectable steroids?

22. 술을 마시나요? 얼마나 자주 _____ 얼마나 많이 _____
23. 약물을 남용하거나 중독되었던 적이 있었는지요?
24. 스테로이드를 복용하거나 주사한 적이 있는지요?

예문 2  **교통사고 혹은 직장에서 상해를 당했을 경우**
*Automobile Accident or Industrial Injury*

1. Has this condition caused you to miss work? No / If
   yes, provide dates _____
2. Date last worked : _____
3. Injury at : _____
4. Date and hour of injury or onset of illness :
   _____
5. Date and hour of first examination or treatment :
   _____

1. 현재의 건강상태가 일을 못하게 된 원인인가요? 아니요 / 네라면,
   언제부터 그랬었는지 적으세요. _____
2. 마지막으로 근무한 날짜 : _____
3. 상해를 입은 장소의 주소 기입 : _____
4. 상해를 당한 날짜와 시간 또는 발병 시기 : _____
5. 처음 진료 받거나 치료 받은 날짜와 시간 : _____

6. Are you involved in litigation for this injury? No
/ If yes, provide attorney's name and address

_____

7. How long have you worked for your current employer?

8. Does your job require you to perform : Prolonged
sitting, standing, or walking?
Repetitive use of the arms and hands, such as typing
and using the mouse?
Heavy lifting of up to _____ lbs?
Climbing, Balancing, Bending, Stooping, Squatting,
Kneeling, Crouching, Crawling, Pushing, and Pulling?

9. Have you injured this part of your body in the past?
No / Yes

10. Do you participate in any activities or hobbies outside
of work that may be contributing to your current
injury? No / Yes


6. 이 상해에 대한 법적소송에 관련되어 있는지요? 아니요 / 네라면,
변호사 이름과 주소를 적으세요. _____

7. 현 직장에서는 얼마나 오래 일하셨나요?

8. 직장에서 일할때 요구되는 사항은 : 오래 앉아 있기, 서기, 또는 걷기.
자판이나 마우스를 사용하여 지속적으로 손과 팔을 사용하나요?
몇 파운드까지 무거운 것을 드나요?
계단 같은 것을 올라가거나 내려가는 것, 평형을 유지하는 것, 몸을
구부리는 자세, 상체를 앞으로 구부리는 자세, 몸을 쪼그리고 앉는
자세, 무릎을 구부리는 자세, 허리나 다리를 구부리고 몸을 구부리는
자세, 손과 무릎으로 기는 자세, 미는 자세, 잡아당기는 자세?

9. 전에도 같은 부위에 부상을 당한 적이 있나요? 아니요 / 네

10. 현 증상에 영향을 주는 직장 외 과외 활동 또는 취미생활을 하나요?
아니요 / 네

**예문 3** **환자 건강 설문지**
*Patient Health Questionnaire*

현재 상태를 알아보기 위하여 상세히 해당사항에 동그라미를 하는 예문들을 알아보겠습니다.

Please answer the following questions carefully. Have you had :

- **Stomach problems**
  Ulcer, upset stomach, heartburn, reflux, hiatal hernia, bloody stools, black tarry stools
- **Heart problems**
  Chest pain, irregular heartbeat, murmur, rheumatic fever, shortness of breath
- **Liver problems**
  Jaundice, hepatitis, cancer

아래 질문에 상세히 답해 주시오.
현재나 과거의 병력은 :
- **위장 문제**
  궤양, 위장 장애, 속쓰림, 식도 역류증, 하이아탈 헤르니아(틈새탈장 – 역류 증상을 일으킴), 혈변, 흑변
- **심장 문제**
  가슴통증, 부정맥, 잡음, 류마티스성 발열, 호흡 곤란
- **간 문제**
  황달, 간염, 암

- **Urine problems**
  Pain or loss of control with urination
- **Bowel problems**
  Irritable bowel syndrome, diarrhea, constipation,
  ulcerative colitis, diverticulitis
- **Bleeding tendency**
  Phlebitis, deep vein thrombosis (DVT), pulmonary
  embolus
- **Diabetes**
  Low blood sugar or high blood sugar
- **High blood pressure**
- **Stroke**
  Weakness / numbness on one side or both
  Difficulty speaking, numbness in the arms or legs

- **소변 문제**
  소변볼 때 아프거나 조정이 안됨
- **장 문제**
  예민한 장운동, 설사, 변비, 궤양성 대장염, 게실염(대장에 주머니 같은
  것이 생겨 염증을 일으키는 증상)
- **출혈경향**
  정맥염, 심정맥 혈전증, 폐색전증(갑작스럽게 폐혈관이 막히는 증상)
- **당뇨**
  저혈당 또는 고혈당
- **고혈압**
- **중풍**
  한쪽이나 양쪽 몸이 약하거나 무감각함
  말하기가 어려움, 팔 또는 다리가 무감각함

- Headache
  Severe or mild, occasionally or constantly
- Seizure
  Convulsions, blackouts, epilepsy
- Lung
  Asthma, chronic cough, shortness of breath, cancer, wheezing, pneumonia, tuberculosis
- Back problems
  Strain/sprain, disc protrusion or herniation
- Fracture (broken bones)
- Arthritis
  Rheumatoid arthritis, psoriatic arthritis, osteoarthritis
- Osteoporosis

- 두통
  심한 또는 약한, 때때로 또는 지속적
- 발작
  경련, 일시적 의식상실, 간질
- 폐
  천식, 만성기침, 숨가쁨, 암, 천명, 폐렴, 결핵
- 허리 문제
  좌상 / 염좌(비틀어짐), 디스크 돌출 또는 헤르니아(탈장)
- 골절
- 관절염
  류마티스성 관절염, 건선성 관절염(관절통증이 건선 피부질환과 같이 있을 경우), 골관절염(목, 손, 손목, 허리, 엉덩이 등 관절에 통증과 뻣뻣함을 동반하는 증상)
- 골다공증

- **Autoimmune disorders**
  Rheumatoid arthritis, lupus, Raynaud's disease
- **Mental disorders**
  Phobia, claustrophobia, bipolar disorder, anxiety
  disorder
- **Neurological problems**
  Numbness or tingling sensation in arm/hand/leg/foot
  Muscle weakness
  Dizziness
  Inability to hold objects
- **Sleep apnea**
- **Thyroid problems**

- **자가면역질환**(병적인 개체의 자체 항원과 자가항체와의 상호 작용으로 오는 질환)
  류마티스성 관절염, 낭창(루푸스: 관절통증과 피부발진을 동반하는 만성 피부질환), 레이노병(혈관성 질환으로 작은 동맥의 수축으로 손과 발의 피부가 창백해지는 질환)
- **정신장애**
  공포증, 폐소공포증, 양극성 장애(정신적 장애로 정서가 불안하고 우울증과 광적인 성격을 보이는 질환), 불안 장애
- **신경성 계통의 문제**
  팔 / 손 / 다리 / 발의 무감각 또는 저린 증상
  근 무력증
  현기증
  물건을 잡기가 힘듦
- **수면 무호흡증**
- **갑상선 문제**

- Vision changes
- Loss of vision
- Weight gain or loss
- Joint stiffness
- Skin changes
- Headaches, dizziness
- Depression
- Fever / chills
- Night sweats
- Fatigue
- Blood clots
- Transfusion problems
- Muscle disorders

- 시력 변화
- 시력 상실
- 체중 증가 또는 감소
- 관절의 굳음
- 피부 변화
- 두통, 어지러움
- 우울증
- 열 / 오한
- 식은땀
- 피로
- 혈액 응고
- 수혈 문제
- 근육 장애

예문 4 **통증에 관한 설문지**
*Questionnaire Related to Pain*

- Where is the pain located? Or, will you point to where your pain is?
- When did the pain start?
- How did the pain first start?
- Accident, Fall, Trauma, Sports, Suddenly, Gradually, Cumulative, Injured at work
- Is your pain constant or intermittent?
- What is the nature of the pain?
- Dull, Achy, Sharp, Shooting, Burning, Pins/Needles, Piercing, Throbbing, Pulling
- What is the level of pain today if 0 is no pain and 10 is the worst pain?
- What makes your pain better?

- 통증이 어디에 있나요? 또는, 통증 부위를 지적해 보시겠어요?
- 언제 통증이 시작되었나요?
- 어떻게 처음 통증이 시작되었어요?
  사고, 낙마, 부상, 운동, 갑자기, 서서히, 누적으로, 직장 상해
- 통증이 지속적인가요, 아니면 가끔 있나요?
- 어떤 통증인가요?
  둔한, 아픈, 날카롭게 쑤시는 듯, 쑤시는 듯, 쓰라린, 핀 또는 바늘로 찌르는 듯, 찌르는 듯, 욱신거리는 듯, 잡아당기는 듯
- 0이 무통증이고 10이 가장 심한 통증이라면 오늘 통증은 어떤 정도인가요?
- 무엇이 통증을 가라앉게 하나요?

- What makes your pain worse?
- Have these activities and conditions been affected because of your pain?
  Household chores, Walk, Run, Drive, Sports, Concentration, Sleep, Mood, Social relationship
- What treatments have you tried in the past?
- List current medications : Name of Medication, Starting Date, Strength, Number of pills per day, Prescribing Physician
- Allergy to Medication
- Past Surgery History: Type, Date, Surgeon
- Family History


- 무엇이 통증을 더 심하게 하나요?
- 통증 때문에 이런 활동과 상태에 영향을 받나요?
  집안일, 걷다, 달리다, 운전하다, 운동, 집중, 수면, 기분, 대인 관계
- 과거에 무슨 치료를 받았나요?
- 현재 복용하는 약들 : 약명, 시작 날짜, 약의 강도, 하루 복용 개수, 처방 의사
- 약에 대한 알레르기 유무
- 과거 수술 기록 : 종류, 날짜, 의사 이름
- 가족 병력

- How often have you been bothered by any of the following problems?
  Not at all, Several days, Several hours, Nearly every day, Several Weeks, Several months
  - ▢ Feeling down, feeling bad, sad, depressed, or hopeless
  - ▢ Little interest or pleasure in doing things
  - ▢ Poor appetite or overeating
  - ▢ Trouble falling asleep or sleeping too much
  - ▢ Trouble concentrating on things, e.g. reading and studying
  - ▢ Moving or speaking very slowly. Or the opposite
  - ▢ Thought that you would be better off dead, or thought of hurting yourself in some way

- 아래 나열한 문제에 의해 얼마나 자주 불편한가요?
  전혀, 며칠, 몇 시간, 거의 매일, 몇 주, 몇 달
  - ▢ 기분 저하, 기분이 안 좋음, 슬픈, 우울한, 또는 절망감
  - ▢ 어떤 일에 있어서 흥미나 즐거움이 적음
  - ▢ 식욕이 떨어지거나 과식함
  - ▢ 잠들기 힘들거나 너무 많이 잠
  - ▢ 하는 일에 집중하기 힘듦, 예) 독서, 공부하기
  - ▢ 움직임 또는 말하기가 너무 느리거나 그 반대임
  - ▢ 어떤 방법으로 본인을 죽음으로 몰고 가거나 자해하는 생각

**예문 5** 네 / 아니요로 답하는 환자 건강 설문지
*Patient Health Questionnaire, Answered by*
*"Yes" or "No"*

Please circle "YES" or "NO" and list if your answer is "Yes."

1. Are you allergic to any medication (Aspirin, penicillin, sulfa, etc.)?
   NO   YES   (List) _____

2. Do you take any prescribed medication on a permanent or semi-permanent basis (steroids, anti-inflammatory, antibiotics, insulin, etc.)?
   NO   YES   (List and give the reason) _____

3. Have you ever had an epileptic seizure?
   NO   YES


해당 사항인 "네" 또는 "아니요"에 동그라미를 하고 "네"일 경우 리스트를 적어주세요.

1. 약물(아스피린, 페니실린, 설파 등)에 알레르기가 있나요?
   아니요   네   (리스트) _____

2. 처방약을 오랫동안 또는 어느 정도 기간을 두고 복용하고 있나요?
   (스테로이드, 소염제, 항생제, 인슐린 등)
   아니요   네   (리스트와 이유를 작성해 주세요.) _____

3. 간질성 발작을 한 적이 있나요?
   아니요   네

4. Have you ever been told by a doctor that you have epilepsy?

NO  YES  (List any medication) _____

5. Have you ever been treated for diabetes?

NO  YES  (List any medication) _____

6. Have you ever been told by a doctor that you were anemic?

NO  YES  When? _____

What treatment? _____

7. Have you ever been told by a doctor that you have diabetes?

NO  YES

8. Do you have or have you ever had high blood pressure?

NO YES (List any medication) _____


4. 주치의로부터 간질이 있다고 들은 적이 있나요?

아니요  네  (약 이름을 적어주세요.) _____

5. 당뇨병 치료를 받은 적이 있나요?

아니요  네  (약 이름을 적어주세요.) _____

6. 주치의로부터 빈혈이 있다고 들은 적이 있나요?

아니요  네  언제? _____

무슨 치료를 받았나요? _____

7. 의사로부터 당뇨병이 있다고 들은 적이 있나요?

아니요  네

8. 현재 고혈압이 있거나 전에 있었나요?

아니요  네  (약 이름을 적어주세요.) _____

9. Do you have, or have you ever had, the following diseases?
   □ Heart disease (heart murmur, rheumatic fever, other)
   NO   YES   (Give name and date) _____
   □ Lung disease (pneumonia, other)
   NO   YES   (Give name and date) _____
   □ Kidney disease (infections, other)
   NO   YES   (Give name and date) _____
   □ Liver disease (hepatitis, other)
   NO   YES   (Give name and date) _____

9. 다음 사항과 같은 질환을 앓고 있거나 앓은 적이 있나요?
   □ 심장질환 (심장 잡음, 류마티스성 열, 다른 질환)
   아니요   네   (질환명과 발병날짜를 적어주세요.) _____
   □ 폐질환 (폐렴, 다른 질환)
   아니요   네   (질환명과 발병날짜를 적어주세요.) _____
   □ 신장질환 (감염, 다른 질환)
   아니요   네   (질환명과 발병날짜를 적어주세요.) _____
   □ 간질환 (간염, 다른 질환)
   아니요   네   (질환명과 발병날짜를 적어주세요.) _____

10. Have you ever been told by a doctor that you have asthma?

NO   YES   (List any medication) _____

11. Do you have or have you ever had a hernia or "rupture"?

NO   YES   (If so, has it been repaired?) _____

12. Have you been "knocked out" or become unconscious within the past three years?

NO   YES   (If so, describe and give date[dates])

_____

13. Have you had a concussion or other head injury within the past three years?

NO   YES   (If yes, describe and give date[dates])

_____

10. 천식이 있다고 의사에게 들은 적이 있나요?

아니요   네   (약 이름을 적어주세요.) _____

11. 탈장이나 파열을 겪고 있거나 겪은 적이 있나요?

아니요   네   (있었다면, 치료를 받았나요?) _____

12. 지난 3년간 과로로 쓰러지거나 정신을 잃은 적이 있나요?

아니요   네   (있었다면, 상태를 설명하고 언제 그랬었는지를 적어
주세요.) _____

13. 지난 3년 내 뇌진탕 또는 다른 두뇌상해를 입은 적이 있나요?

아니요   네   (있었다면, 상태를 설명하고 언제 그랬었는지를 적어
주세요.) _____

14. Have you stayed overnight in a hospital due to a head injury?

    NO   YES   (If yes, list date[dates]) _____

15. Have you ever had a neck injury involving bones, nerves, or disks that disabled you for a week or longer?

    NO   YES   Type of injury _____

    　　　　　 Date(s) _____

16. Do you wear any of the following dental appliances?

    NO   YES   (Circle those that apply)

    　　　　　 Permanent bridge　　　　Braces

    　　　　　 Removable retainer　　　Permanent retainer

    　　　　　 Removable partial plate　Full plate

    　　　　　 Permanent crown or jacket


14. 두뇌에 상해를 입어서 병원에 입원한 적이 있나요?

    아니요   네   (있었다면, 날짜를 적어 주세요.) _____

15. 목에 상해를 입어서 뼈, 신경, 또는 디스크로 인해 일주일 또는 그 이상 장애를 겪은 적이 있나요?

    아니요   네   상해 종류 _____

    　　　　　 날짜 _____

16. 다음 치아 교정기를 사용하나요?

    아니요   네   (적용되는 것에 동그라미를 하세요.)

    　　　　　 영구적인 브리지　　　　　　브레이스

    　　　　　 뺄 수 있는 교정기　　　　　영구적인 교정기

    　　　　　 뺄 수 있는 부분 플레이트(틀니)  전체 플레이트(틀니)

    　　　　　 영구 크라운

17. Have you had a broken bone (fracture) within the past two years?

NO  YES  What bone? _____

Right or left? _____

Dates _____

18. Have you had a shoulder injury within the past two years that disabled you for a week or longer (dislocation, separation, etc.)?

NO  YES  Type of injury _____

Right or left? _____

Dates _____

17. 지난 2년간 골절을 입은 적이 있나요?

아니요  네  어떤 뼈? _____

오른쪽 또는 왼쪽? _____

날짜 _____

18. 지난 2년 내에 어깨 부상으로 일주일 또는 그 이상 장애를 겪은 적이 있나요? (탈골, 분리 등)

아니요  네  상해 종류 _____

오른쪽 또는 왼쪽? _____

날짜 _____

**brace**
브레이스

19. Have you ever had shoulder surgery?

 NO   YES   What was done and why? _____

 Right or left? _____

 Dates _____

20. Have you ever injured your back?

 NO   YES   Type of injury _____

 Date(s) _____

21. Do you have back pain?

 NO   YES   (Circle any that apply)

 Seldom             Occasionally

 Frequently         With vigorous exercise

 With heavy lifting

19. 어깨수술을 받은 적이 있나요?

 아니요   네   어떤 수술을 받았으며 왜 받으셨나요? _____

 오른쪽 또는 왼쪽? _____

 날짜 _____

20. 허리를 다친 적이 있나요?

 아니요   네   상해 종류 _____

 날짜 _____

21. 허리에 통증이 있나요?

 아니요   네   (해당이 되는 것에 동그라미를 하세요.)

 드물게             때때로

 자주               격렬한 운동과 함께

 무거운 것을 들 때

22. Have you injured your knee within the past two years?
NO   YES

23. Have you been told by a doctor or athletic trainer that you injured the cartilage in your knee?
NO   YES

22. 지난 2년 내 무릎을 다친 적이 있나요?
아니요   네

23. 의사나 운동 훈련사로부터 무릎 연골에 부상을 입었다는 말을 들은 적이 있나요?
아니요   네

plaster, cast
깁스 붕대

toothache
치통

## 단어 모음

### 1. 신상에 관한 양식

☑ Social Security Number 사회보장번호

☑ married [mǽrid] 결혼한

☑ widowed [wídoud] 미망인이 된

☑ divorced [divɔ́ːrst] 이혼한

☑ separated [sépərèitid] 별거 중에

☑ minor [máinər] 미성년자

☑ occupation [àkjupéiʃən] 직업

☑ employer [implɔ́iər] 고용주, 고용 사업체

☑ emergency [imə́ːrdʒənsi] 응급

☑ relationship [riléiʃənʃìp] 관계

☑ responsible [rispánsəbl] 책임 있는

☑ professional [prəféʃənl] 전문의

☑ notify [nóutəfài] 통지하다

☑ signature [sígnətʃər] 서명

### 2. 병력

☑ over-the-counter medication 처방전 없이 살 수 있는 약

☑ describe [diskráib] 묘사하다, 설명하다

## 단어 모음

- ☑ gradually [grǽdʒuəli] 서서히
- ☑ spread [spred] 퍼지다, 번지다
- ☑ perform [pərfɔ́:rm] 실행하다
- ☑ significant [signífikənt] 중요한
- ☑ unexplained [ˌʌnɪkˈspleɪnd] 명확하지 않은
- ☑ beverage [bévəridʒ] 음료
- ☑ substance [sʌ́bstəns] 화학물질
- ☑ abuse [əbjúːz] 남용
- ☑ addiction [ədíkʃən] 중독
- ☑ injectable [indʒéktəbl] 주사 가능한
- ☑ injury [índʒəri] 부상, 상해
- ☑ illness [ílnis] 병
- ☑ climb [klaim] 오르다
- ☑ stoop [stuːp] 구부리다
- ☑ squat [skwɑt] 쪼그리고 앉다
- ☑ kneel [niːl] 무릎을 꿇다
- ☑ crouch [krautʃ] 웅크리다
- ☑ crawl [krɔːl] 기다
- ☑ participate [pɑːrtísəpèit] 참여하다
- ☑ contribute [kəntríbjuːt] 도움이 되다
- ☑ upset stomach 위가 거북함
- ☑ heartburn [hɑ́rtbəːrn] 속쓰림

## 단어 모음

- ☑ reflux [rí:flʌks] 역류
- ☑ tarry [tǽri] 타르 같은
- ☑ irregular [irégjulər] 불규칙한
- ☑ heartbeat [hά:rtbì:t] 심장 박동
- ☑ murmur [mə́:rmər] 잡음
- ☑ rheumatic fever 류마티스성 발열
- ☑ jaundice [ˈdʒɔ:ndɪs] 황달
- ☑ hepatitis [hèpətάitis] 간염
- ☑ ulcerative colitis 궤양성 대장염
- ☑ diverticulitis [dὰivərtìkjulάitis] 게실염
    : 대장에 주머니같이 생긴 곳에 염증
- ☑ tendency [téndənsi] 경향
- ☑ phlebitis [flibάitis] 정맥염
- ☑ thrombosis [θrambóusis] 혈전증
    : 혈관 내에 생긴 응고 덩어리
- ☑ pulmonary embolus 폐색전증
- ☑ protrusion [proutrú:ʒən] 돌출
- ☑ herniation [həːrniéiʃən] 탈장 (헤르니아현상)
- ☑ arthritis [ɑːrθrάitis] 관절염
- ☑ rheumatoid [rú:mətɔ̀id] 류마티스성의
- ☑ psoriatic [psəráitik] 건선의 (피부질환)
- ☑ osteoarthritis [ὰstiouɑ:rθrάitis] 골관절염

## 단어 모음

☑ osteoporosis [àstioupəróusis] 골다공증

☑ disorder [disɔ́ːrdər] 장애

☑ lupus [lúːpəs] 낭창 (피부질환)

☑ phobia [fóubiə] 공포

☑ claustrophobia [klɔːstrəfóubiə] 폐소공포증

　: 좁은 공간에서 오는 공포증

☑ bipolar disorder 이중감정장애(양극성 장애)

　: 우울증과 광적인 감정기복이 반복됨

☑ sleep apnea 수면 무호흡증

☑ stiffness [stífnis] 굳음, 뻣뻣함

☑ transfusion [trænsfjúːʒən] 수혈

☑ accident [ǽksidənt] 사고

☑ trauma [tráumə] 외상

☑ cumulative [kjúːmjulèitiv] 누적하는

☑ constant [kánstənt] 끊임없이 계속하는

☑ intermittent [ìntərmítnt] 간헐적인

☑ nature [néitʃər] 종류

☑ concentration [kànsəntréiʃən] 집중

☑ strength [streŋkθ] 강도

☑ bother [báðər] 괴롭히다

☑ nearly [níərli] 거의

☑ depressed [diprést] 우울한

# 단어 모음

- ☑ hopeless [hóuplis] 희망을 잃은
- ☑ opposite [ɑ́pəzit] 반대의
- ☑ permanent [pə́ːrmənənt] 영구적인
- ☑ diabetes [ˌdaɪəˈbiːtiːz] 당뇨병
- ☑ pneumonia [njuːmóunjə] 폐렴
- ☑ asthma [ǽzmə] 천식
- ☑ knocked out 기진한
- ☑ concussion [kənkʌ́ʃən] 뇌진탕
- ☑ overnight [óuvərnὰit] 밤새
- ☑ disable [diséibl] 불구로 만들다
- ☑ retainer [ritéinər] 치아 고정 장치
- ☑ vigorous [vígərəs] 격렬한
- ☑ cartilage [kɑ́ːrtəlidʒ] 연골

# 제3장

# 건강 증상과 관련된 일반적인 표현

## Commonly Used Phrases Regarding Health Symptoms

각종 신체부위에서 발생되는 건강상의 문제를 여러 예문들을 통하여 다루고 어떤 형태로 의료진과 대화를 할 수 있는지 알아보겠습니다.

## 인터뷰 팁
### *Interview Tips*

의료진이 환자가 클리닉에 온 이유 혹은 문제를 파악하기 위해 질문하는 예문 형태

- Tell me how I can help you.
- What brings you to the clinic or the hospital?
- Tell me why you have come here today.
- How may I help you?
- How have you been getting along?

- 어떻게 도와 드릴까요?
- 무슨 일로 클리닉 또는 병원에 오셨어요?
- 오늘 여기에 어떻게 오셨어요?
- 어떻게 도와 드릴까요?
- 잘 지내셨어요?

- Tell me more about your symptoms. (headache, indigestion, joint pain, muscle ache, stomach ache, etc)
- How have you been feeling since your last visit?
- Are there any other areas I should know about?
- Are there any questions you would like to ask?

- 증상에 관해 좀 더 말씀해 주세요. (두통, 소화불량, 관절 아픔, 근육통, 위장통증 등)
- 지난번 방문 이래 건강이 어떠세요?
- 제가 여쭈어야 할 다른 부위도 있나요?
- 다른 질문사항 있으세요?

## 2 넘어짐
*Fall*

넘어져서 머리를 바닥에 부딪친 경우에는 심한 경우 뇌에 손상을 줄 수도 있기 때문에 환자의 사고때와 현 상태를 잘 파악하는 것이 중요하겠습니다.

**Doctor :** How do you feel?
**Patient :** I feel okay.

**의사 :** 어떠십니까?
**환자 :** 괜찮습니다.

**Doctor :** Will you describe exactly what happened?
**Patient :** I fell off from my bicycle when I turned abruptly
just around a corner.
I hit my head on the ground.
I blacked out for a while (or minutes).
I felt dizzy.
I had light-headedness.*
I was unconscious for a while.
**Doctor :** For how long were you unconscious?
**Patient :** A witness said I was unconscious for a few
minutes.

의사 : 정확하게 무슨 일이 있었는지 말씀해 보시겠습니까?
환자 : 갑자기 코너를 돌 때 자전거에서 떨어졌습니다.
땅에 머리를 부딪쳤습니다.
잠깐(또는 몇 분) 정신을 잃었습니다.
어지러움을 느꼈습니다.
머리가 어찔어찔했었습니다*.
잠시 정신을 잃었었습니다.
의사 : 얼마 동안 정신을 잃었었나요?
환자 : 목격자 이야기로는 몇 분 동안 정신을 잃었다고 합니다.

* light-headedness : 현기증

Doctor : Where did you hit your head?

Patient : On the back (left, right, or top) side.

The side of my head (right, left, near my ear, top, etc.)

Doctor : Have you ever had any unexplained symptoms since then?

- Headache, vomiting

- Numbness or tingling in arms (or legs).

Patient : I felt numbness in my right arm.

I have neck pain and a headache.

Doctor : What movement causes your neck pain?

Patient : I have pain when I try to turn my neck (also: tilt forward, back, side-to-side).


의사 : 머리를 어디에 부딪쳤나요?

환자 : 뒤쪽 (왼쪽, 오른쪽, 또는 위쪽)

머리 옆 부위 (오른쪽, 왼쪽, 귀 가까이, 위쪽 등)

의사 : 그 이후 예상치 못한 증상이 있었나요?

– 두통, 구토

– 무감각 또는 팔(또는 다리)이 저림

환자 : 오른쪽 팔이 무감각한 것을 느꼈습니다.

목에 통증이 있고 두통도 있습니다.

의사 : 어떤 동작이 목에 통증을 가져옵니까?

환자 : 목을 돌릴 때 (또한 앞으로 구부릴 때, 뒤로 젖혔을 때, 좌우로 움직일 때) 아픕니다.

Doctor : Did you have any discharge from your nose (or ears)?

Patient : I had slight nose bleeding.

Doctor : Have you had any unchanged symptoms since your injury?

Patient : I still have headaches and dizziness.

Doctor : Please describe your dizziness.

Patient : I have a feeling of falling.

I feel that some objects are spinning.

I feel a "swimming underwater" sensation.

Doctor : Can you hear well?

Patient : No. I can hear your words, but they seem muffled.

It's hard to hear clearly when there is background noise.

의사 : 코에서(또는 귀에서) 분비물이 나왔었습니까?

환자 : 코에서 피가 약간 나왔었습니다.

의사 : 사고 후 특이한 증상이 있었습니까?

환자 : 아직도 두통과 어지러움이 있습니다.

의사 : 어지러움증에 관해 설명해 보세요.

환자 : 넘어질 것 같은 느낌이 있습니다.

사물이 도는 듯한 느낌이 있습니다.

물속에서 수영을 하는 듯한 느낌이 있습니다.

의사 : 잘 들립니까?

환자 : 아니요. 말은 들리지만, 또렷하지 않고 멍멍합니다. 주위가 시끄러우면 명백하게 들리지 않습니다.

Doctor : Can you touch your chin to your chest?
Will you touch your right ear to your right
shoulder?
Will you touch your left ear to your left shoulder?
Will you turn your head to your left side as far as
you can?
Will you turn your head to your right side as far
as you can?
Are you able to drive?

Patient : I think I can. (I have been driving carefully.)

Doctor : I'll order a CAT scan.

의사 : 턱을 가슴 쪽으로 끌어 당길 수 있어요? (목의 움직임을 검사하는
것)
오른쪽 귀를 오른쪽 어깨에 대보시겠어요?
왼쪽 귀를 왼쪽 어깨에 대보시겠어요?
머리를 왼쪽으로 가능한 멀리 돌려보시겠어요?
머리를 오른쪽으로 가능한 멀리 돌려보시겠어요?
운전할 수 있어요?

환자 : 할 수 있을 것 같습니다. (조심해서 운전을 합니다.)

의사 : 캣 스캔 검사를 의뢰하겠습니다.

# 3 두통
*Headache*

**Patient** : I have had a headache and have been fussy all night.

**Doctor** : Please tell me about your pain from the time it started, to the time you came into the clinic.

**Patient** : My pain started last Tuesday.
The pain still seems to be behind my eyes.
It radiates to the back of my head.

**Doctor** : For how long did the symptoms last? Was it steady or did it come and go during the day?

**Patient** : It has come and gone irregularly during the day.
I have not measured the time.

환자 : 두통이 있어서 밤새 잠을 설쳤어요.

의사 : 처음 두통이 시작됐을 때부터 지금 이곳에 오기까지에 대해 말씀해 주세요.

환자 : 두통이 지난 화요일부터 시작됐습니다.
두통이 아직도 눈 뒤쪽에 있는 듯 합니다.
두통이 머리 뒤쪽으로 뻗치는 듯 합니다.

의사 : 얼마 동안 두통을 느꼈나요? 하루 종일 두통이 지속적이었나요, 아니면 있다 없다 했나요?

환자 : 하루 종일 두통이 불규칙적으로 있다 없다 합니다. 시간은 측정하지 않았어요.

Doctor : Did it resolve completely and reappear for a few hours (days or weeks)?

Patient : It has been over a week now. As I mentioned before, it has come and gone.

Doctor : For how long does it usually last during any given day?

Patient : It lasts for 10-20 minutes.

It lasts for hours.

It comes and goes.

Doctor : When did this headache start?

Patient : It started three days ago.

Doctor : Headaches take several forms and for different reasons.

의사 : 완전히 증상이 가라앉고 몇 시간(몇 일 또는 몇 주) 동안 다시 나타났나요?

환자 : 일주일 이상 되었어요. 전에 말씀드린 것처럼, 두통이 있다 없다 합니다.

의사 : 하루에 보통 두통을 얼마 동안 느낍니까?

환자 : 10분에서 20분 동안 두통을 느낍니다.

몇 시간 동안 느낍니다.

있다 없다 합니다.

의사 : 언제 두통이 시작됐나요?

환자 : 3일 전에요.

의사 : 두통은 여러 형태와 다양한 이유로 올 수 있습니다.

**Doctor :** Have you ever had this kind of headache before?

**Patient :** Yes, I had it a year ago.

**Doctor :** Is your pain localized on one side, or all over?

**Patient :** I feel like my headache moves around in my head.

**Doctor :** Will you point to your head, where you usually have the headache?

**Patient :** I have band-like tightness all over my head (tension headache).

I have a headache on the front and side of my head (migraine headache).

I have a headache around my eyes and forehead.

I have a pounding headache.

**Doctor :** Where do you feel it now? Will you try to pinpoint the location?

의사 : 전에 이런 두통이 있었나요?

환자 : 네, 1년 전에 있었어요.

의사 : 두통이 한쪽에 국한되어 있나요, 아니면 전체적으로 있나요?

환자 : 두통이 머리 여기저기에서 느껴집니다.

의사 : 두통이 주로 어디에 있는지 지적해 주시겠어요?

환자 : 머리 전체를 밴드로 조이는 듯합니다. (긴장성 두통)

두통을 머리 앞쪽과 옆에서 느낍니다. (편두통)

두통을 눈과 이마 주위에서 느낍니다.

지끈거리는 두통을 느낍니다.

의사 : 지금은 어디에서 느낍니까? 부위를 지적해 주시겠어요?

Patient : I have a headache _____.

in my forehead

behind my eyes

in both sides of my head

in my sinus area

in the back of my head

Doctor : What is the severity of your pain on a scale from
0 to 10, with 10 being the worst pain you have
ever felt in your life and 0 meaning no pain at
all?

Patient : It is about 7.

Doctor : When do you have your first headaches during
any day?

Patient : I have it in the morning.

I have it in the evening.


환자 : _____에 두통을 느낍니다.

이마에

눈 뒤쪽에

머리 옆쪽에

코 주위에

머리 뒤쪽에

의사 : 통증이 가장 심한 정도를 10이라 하고 통증이 없는 것을 0으로
할 경우 두통의 강도는 0에서 10까지 중 어디에 있습니까?

환자 : 7 정도입니다.

의사 : 하루 중 언제 처음 두통을 느낍니까?

환자 : 아침입니다.

저녁입니다.

**Patient :** I can't go to sleep because of my headache.
My headache wakes me up at night.

**Doctor :** How severe is it? For how long does one
headache last?

**Patient :** My headache is very severe and lasts for 3 to 5
days within a month.

**Doctor :** Can you tell me what may have caused the
onset of headaches?
Perhaps exercise, emotional upset, argument,
and so on?

**Patient :** I was very upset when I had headaches.
I screamed at my husband.

**Doctor :** Have you ever noticed any associated
symptoms?

**환자 :** 머리가 아파서 잠을 이룰 수가 없습니다.
두통으로 밤에 잠을 깹니다.

**의사 :** 얼마나 심합니까? 얼마 동안 두통을 느낍니까?

**환자 :** 두통이 매우 심한 편이고 한 달에 3일에서 5일 동안 느낍니다.

**의사 :** 두통을 일으키는 요인이 무엇인지 말씀해 주시겠어요?
운동, 정서적 혼란, 논쟁 등에 관련 요인을 찾아보시겠어요?

**환자 :** 두통이 있었을 때 매우 당황했어요. 남편에게 소리를 질렀습니다.

**의사 :** 동반증상이 있었나요?

Doctor : nausea, vomiting, any vision changes, dizziness, reaction to bright lights, loud or monotonous noises, mood swings, fever, weakness, numbness in your arms, and stiffness in your neck?

Patient : I could not focus on some objects when I had the headaches.

Doctor : I'll prescribe medication and you can see me in two weeks for follow-up.

의사 : 메스꺼움, 구토, 시력 변화, 어지러움, 밝은 빛에 대한 반응, 큰소리 또는 단조로운 소음에 반응, 감정 변화, 열, 허약함, 팔의 무감각함 그리고 목의 뻣뻣함?

환자 : 두통이 있을 때 어떤 대상에 집중을 할 수가 없습니다.

의사 : 약을 처방해 드리겠으니 2주 뒤에 다시 오십시요.

## 4 입과 목에 관한 문제
*Mouth and Throat Problems*

Patient : I have a sore tongue.

Doctor : For how long have you had it?

Patient : More than a week.

환자 : 혀가 아픕니다.

의사 : 얼마 동안 그러시죠?

환자 : 일주일이 넘었어요.

**Doctor :** I'll check your mouth.

You have lesions on your tongue.

**Patient :** Is it serious?

**Doctor :** I don't think so.

Do you have any stress?

**Patient :** I just got a new job so I have some stress.

**Doctor :** Do you have any difficulty swallowing?

**Patient :** I feel like drugs get stopped at a certain point when I swallow them.

**Doctor :** What kinds of medication do you take?

**Patient :** I take seven medications. They are Motrin, Diovan, multi-vitamin, calcium, vitamin E, glucosamine, and fish oil.

**Doctor :** Do you swallow all at one time?


의사 : 입안을 검사하겠습니다.

혀에 병변이 있군요.

환자 : 심각한가요?

의사 : 그렇지 않은 것 같습니다.

스트레스가 있었어요?

환자 : 새 직장을 얻었는데 스트레스가 있습니다.

의사 : 삼키기는 괜찮은가요?

환자 : 약을 삼킬 때 목에 걸리는 것 같아요.

의사 : 무슨 약을 복용하나요?

환자 : 일곱 가지 약을 복용하고 있습니다. 모트린, 디오반, 종합비타민, 칼슘, 비타민 E, 글루코사민, 그리고 생선 기름입니다.

의사 : 한 번에 다 삼키세요?

Patient : Yes, I do.

Doctor : You'd better divide them by two or more. And when you take those larger pills, drink plenty of water accordingly.

Patient : I have dry mouth.

Doctor : It can be a side effect of some medication or others.

You should also reduce the amount of salt while cooking.

How many meals do you have each day?

Patient : Three or four meals.

Doctor : Do you have teeth problems that make it difficult for you to eat?

Patient : My dentures are not good. I think I need new ones.


환자 : 네, 그래요.

의사 : 두 번이나 그 이상으로 나누어서 복용하세요. 그리고 큰 약을 삼킬 때는 물을 많이 마시도록 하세요.

환자 : 입이 말라요.

의사 : 약의 부작용으로 그럴 수도 있고 또는 다른 것으로 그럴 수 있습니다.

요리할 때 소금의 양을 줄여보세요.

하루에 몇 끼를 드세요?

환자 : 서너 끼 먹습니다.

의사 : 식사하시는 데 치아 문제는 없나요?

환자 : 의치가 좋지 않습니다. 새것으로 바꾸어야겠어요.

# 5 코에 관한 문제
*Nose Problems*

**Patient** : I catch colds frequently.

I have a runny nose.

**Doctor** : Is the discharge bloody (watery or thick)?

**Patient** : It is thick and of yellowish color.

**Doctor** : How often does it occur?

**Patient** : Very often.

I had nosebleeds quite often as well.

**Doctor** : How often?

**Patient** : Twice a day.

**Doctor** : How much bleeding is there? Does it continue
after putting (tilting) your head backwards?


환자 : 감기가 자주 걸려요.

콧물이 나요.

의사 : 피가 섞인 분비물인가요 (묽거나 짙은가요)?

환자 : 짙고 누르스름한 색입니다.

의사 : 얼마나 자주 그렇습니까?

환자 : 매우 자주요.

코피도 자주 납니다.

의사 : 얼마나 자주 나죠?

환자 : 하루에 두 번 정도입니다.

의사 : 얼마나 피가 나죠? 머리를 뒤로 젖히고 있어도 계속 납니까?

Patient : No. It did not pour (gush) out. It was about a
teaspoonful though.
Doctor : Was it red?
Patient : Yes, it was red.
Doctor : What did you do to treat or stop the bleeding?
Patient : I covered my nostril with a cotton ball.
Doctor : Did both nostrils bleed?
Patient : No, only the left side. Actually, I have a bad
habit of nose-picking.
Doctor : How often do you do this?
Patient : Whenever my hands are free, I pick my nose.
Doctor : Can you smell well?
Patient : Yes, sir.

환자 : 아니요. 쏟아지지는 않아요. 하지만 티스푼 하나 정도는 돼요.
의사 : 붉은가요?
환자 : 네, 붉습니다.
의사 : 코피를 멈추려고 무슨 치료를 했죠?
환자 : 솜으로 콧구멍을 막았어요.
의사 : 양쪽에서 피가 났나요?
환자 : 아니요, 왼쪽에서만요. 사실, 저는 코를 쑤시는 나쁜 버릇이 있어요.
의사 : 얼마나 자주 그러세요?
환자 : 손이 심심하면 코를 파요.
의사 : 냄새는 잘 맡나요?
환자 : 네, 선생님.

# 6 귀에 관한 문제
*Ear Problems*

Patient : My ears hurt.

Doctor : Will you describe your earache?

Patient : I have sharp pain when I push on my right ear.

Doctor : Have you ever had this kind of pain before?

Patient : I had a similar kind of pain a month ago.

My pain comes and goes.

I have constant pain.

I feel better if I change my position.

Doctor : Have you had any trauma from a foreign object?

Have you had any ear infections before?

Patient : I had an infection in my right ear a year ago.


환자 : 귀가 아파요.

의사 : 귀가 아픈 걸 설명해 주시겠어요?

환자 : 오른쪽 귀를 누르면 날카로운 통증이 있습니다.

의사 : 전에 이런 증상이 있었나요?

환자 : 한 달 전에 비슷한 증상이 있었어요.

통증이 있다 없다 해요.

통증이 계속 있어요.

자세를 바꾸면 좀 나아요.

의사 : 이물질로 인해 손상을 입은 적이 있나요?

전에 귀에 염증이 생긴 적이 있나요?

환자 : 1년 전에 오른쪽 귀에 염증이 있었어요.

Doctor : Do you have any pus-like discharge?

Patient : I have had some discharge.

Doctor : Have you had any hearing problems?

Patient : Yes, I cannot hear clearly.

Doctor : Does the hearing loss come on slowly? Or does it come all at once?

Patient : I guess it has come on gradually.

Doctor : How have you noticed your hearing loss? With the ringing sound of telephones, TV and radio sound, people's voices, etc.?

Patient : I have had hearing difficulty when I'm in a shopping mall. I cannot hear well when people are talking around me.


의사 : 고름 같은 분비물이 있었나요?

환자 : 분비물이 있었어요.

의사 : 청각에 문제가 있었나요?

환자 : 네, 잘 듣지 못합니다.

의사 : 청각장애가 서서히 왔나요, 아니면 갑자기 왔나요?

환자 : 서서히 온 것 같습니다.

의사 : 청각장애를 어떻게 느꼈습니까? 전화기 벨소리, 텔레비젼과 라디오 소리, 사람 목소리 등과 관련 있나요?

환자 : 쇼핑몰에 있을 때 잘 들리지 않습니다. 사람들이 제 주위에서 이야기할 때 잘 못 듣습니다.

Doctor : Do you have family history with this? Mother, father, and siblings?

Patient : My mother has used a hearing aid since she was 60 years old.

Doctor : How does your hearing loss affect your daily life?

Patient : I'm a receptionist so I have to answer incoming calls every day.

One day, I made a mistake and did not record some important messages because I couldn't hear the messages very well. The customer called and changed her schedule in order to sign a contract with our company two days later. I did not deliver that message to my boss so he left for Europe on a two-week vacation the following day.

의사 : 가족 중에 이런 문제가 있는 분이 있나요? 어머니, 아버지, 그리고 형제 자매 중에 계신가요?

환자 : 어머니께서 60세부터 보청기를 사용하셨습니다.

의사 : 일상생활에 난청이 어떻게 영향을 줍니까?

환자 : 저는 접수계원으로 일하기 때문에 매일 걸려오는 전화를 받아야 합니다. 하루는 전화기에서 나는 상대방의 소리를 잘 듣지 못해서 중요한 메시지 기록을 못하는 실수를 했어요. 고객이 전화를 걸어서 이틀 뒤 우리 회사와의 계약서에 서명을 하기 위해 그녀의 스케줄을 변경하려고 했거든요. 제가 그 메시지를 제 사장님께 전달하지 못해서 사장님은 다음 날 2주 휴가로 유럽으로 가버리셨어요.

Doctor : I'm sorry to hear that. Have you ever tried using a hearing aid?

Patient : I felt frustrated and embarrassed about using a hearing aid so I avoid wearing one.
My old hearing aid seems to not be working properly either.

Doctor : When was your last hearing test conducted?

Patient : It was two years ago.

Doctor : I'll order an audiogram.


의사 : 안됐군요. 보청기를 사용해본 적이 있으세요?

환자 : 보청기를 사용하는 것이 제 자신에게 실망스럽고 창피해서 착용하는 것을 피해요. 보청기도 오래되서 잘 작동하지 않는 것 같아요.

의사 : 마지막 청각검사는 언제 했나요?

환자 : 2년 전입니다.

의사 : 청각검사를 의뢰하겠습니다.


## 7 눈에 관한 문제
*Eye Problems*


Doctor : Have you noticed any visual difficulty when climbing stairs (or driving)?

의사 : 계단을 오를 때(또는 운전할 때) 시각적인 어려움이 있으신가요?

Patient : Yes, I have. I could not see the stairs very well.
My eyes are very dried out as well.

Doctor : Have you tried artificial eye drops?

Patient : I have been using some for a long time.

Doctor : Did you have an operation for your eye?

Patient : Yes, I did. I had cataract surgery for both eyes
about five years ago.
Recently, I had aching pain around my eyes and
I lost some vision.
Now, it seems I have another eye problem.

Doctor : Do you have difficulty seeing objects at different
distances?

Patient : I see a cloudy haze over objects.
Objects are out of focus.


환자 : 네, 그렇습니다. 계단이 잘 보이지 않았어요.
눈도 매우 건조합니다.

의사 : 인공눈물을 사용해 보았나요?

환자 : 오랫동안 사용했어요.

의사 : 눈을 수술한 적이 있나요?

환자 : 네, 그렇습니다. 약 5년 전에 양쪽 눈에 백내장 수술을 했어요.
최근에, 눈 주위가 아프고 시력도 떨어졌습니다.
지금은 눈에 다른 이상이 있는 것 같아요.

의사 : 먼 거리에 있는 물체를 볼 때 어려움이 있나요?

환자 : 물체가 뿌옇게 보입니다.
초점이 잘 안맞아요.

Patient : I can see halos.

I can see rings around lights.

Doctor : Do you have any other problems?

Patient : I cannot open my eyes in the morning because of discharge from my eyes.

I have watery eyes. My lids even feel like they're glued shut.

My eyes are tearing (or watering) too much.

Doctor : I will examine your eyes to check pressure in them. Do you have diabetes or family history with glaucoma?

Patient : I am diabetic and have been placed on medication for many years. I do not have any family history with glaucoma.

Doctor : I'll examine your eyes.


환자 : 물체 주위에 둥근 무리가 보여요.

불빛 주위에 둥근 링이 보여요.

의사 : 다른 문제도 있나요?

환자 : 눈에서 분비물이 나와서 아침에 눈을 뜰 수가 없어요.

눈물이 많이 나요. 눈꺼풀을 풀로 붙여놓은 것 같아요.

눈물이 너무 많이 나요.

의사 : 눈의 압력 검사를 하겠습니다. 당뇨병이 있거나 가족 중에 녹내장이 있는 분이 있나요?

환자 : 제가 당뇨가 있어서 수년 동안 약을 복용하고 있어요. 녹내장은 가족력이 없습니다.

의사 : 눈검사를 하겠습니다.

# 8 피부, 모발 그리고 손톱, 발톱에 관한 문제
*Skin, Hair, and Nail Problems*

아래의 예문은 해당 질문에 답하는 일문일답 형식으로 이루어진 대화입니다.

예문 1

Doctor : Do you have any birthmarks or tattoos?

Patient : Yes, I have birthmarks on my buttocks, but I do not have tattoos.

Doctor : Do you have any known allergies to drugs, animals, plants, or latex gloves?

Patient : I am allergic to latex gloves.

Doctor : Do you know of any family members who have allergies or allergic skin problems?

의사 : 몸에 모반이나 문신이 있나요?

환자 : 네, 엉덩이에 모반이 있으나 문신은 없습니다.

의사 : 약이나 동물, 식물 또는 고무 장갑에 알레르기가 있나요?

환자 : 고무 장갑에 알레르기가 있습니다.

의사 : 가족 중에 알레르기가 있거나 알레르기성 피부질환을 가지고 있는 사람이 있나요?

Patient : My mother has hay fever during the spring time
and my father is allergic to peanuts.

Doctor : Do you know if they were treated for their
allergies?

Patient : My mother takes allergy medication during
allergy seasons, and my father tries to avoid
consuming anything made from[with] peanuts or
peanut oil.

환자 : 저희 어머니께서는 봄에 꽃가루 알레르기가 있고 저희 아버지께
서는 땅콩에 알레르기가 있습니다.

의사 : 그분들은 알레르기를 치료했나요?

환자 : 저희 어머니께서는 알레르기 계절에 약을 드시고 저의 아버지께
서는 땅콩이나 땅콩 기름으로 만든 모든 음식을 피하십니다.

예문 2

Doctor : Do you have any scars that do not heal?

Patient : Yes, I have had some scars on my neck.

Doctor : Any skin discolorations you have noticed
recently?

Patient : I have noticed some color changes on my left
breast.

의사 : 잘 낫지 않는 염증이 있나요?

환자 : 네, 목에 잘 낫지 않는 염증이 있습니다.

의사 : 최근에 몸 부위에 색깔이 달라진 곳이 있나요?

환자 : 왼쪽 가슴에 색깔이 변한 것을 느꼈습니다.

Doctor : Have you ever noticed any changes in a mole's color, shape, size, bleeding, or itching?

Patient : A mole on my right ear lobe has been getting bigger and darker recently.

의사 : 사마귀의 색깔, 모양, 크기, 출혈, 또는 가려움의 변화를 감지했나요?

환자 : 최근에 오른쪽 귓불의 사마귀가 커지고 색이 짙어지고 있습니다.

예문 3

Doctor : Do you have any skin problems, such as rashes or lesions?

Patient : I have some rashes on my chest.
The itching from my rashes awakens me.

Doctor : When did this start?

Patient : It was three days ago.

Doctor : Where did they start?

의사 : 피부에 관한 증세로 피부발진이나 병변이 있나요?

환자 : 가슴에 발진이 있습니다.
발진 때문에 가려워서 잠을 설칩니다.

의사 : 언제부터 그렇습니까?

환자 : 3일 전쯤입니다.

의사 : 어디에 처음 생겼나요?

Patient : They started at the upper part of my chest.
Later on, they spread over my whole chest.
Doctor : Do you know why you have rashes on your
body?
Did you change your laundry detergent or soap
recently?
Patient : I bought a different brand of detergent a week
ago.
Doctor : Have you ever tried any medication?
Patient : I have tried over-the-counter medication, such
as cortisone ointment.
Doctor : For how long have you tried it?
Patient : For three days.
Doctor : I suggest that you stop using the new detergent
for now and see what happens.


환자 : 가슴 위에서 시작했습니다. 나중에는 가슴 전체로 퍼졌습니다.
의사 : 발진이 왜 생겼다고 생각하세요? 최근에 세탁용 세제나 세수 비
누를 바꾼 적이 있나요?
환자 : 일주일 전에 세탁용 세제를 다른 제품으로 바꿨습니다.
의사 : 약은 사용해 보셨나요?
환자 : 약국에서 코르티손 같은 연고를 사서 발랐습니다.
의사 : 얼마나 사용했나요?
환자 : 3일 동안 사용했습니다.
의사 : 새로 바꾼 세탁용 세제를 당분간 사용하지 마시고 잠시 두고 보는
게 좋겠습니다.

**Doctor :** How is your skin? Any dryness? Any excessive moisture?

**Patient :** I feel dryness. My skin is very dry, especially my lips.

**Doctor :** Is your dryness constant or seasonal?

**Patient :** My skin and lips are dry all the time.

**Doctor :** Do you handle any chemicals in your work place or home?

**Patient :** I am a maintenance technician. I do painting and repair work.

**Doctor :** Have you ever come into direct contact with any chemicals or caustic substances on your skin while working?

**Patient :** I noticed that I had some paint transfer onto my skin while painting.

의사 : 피부는 어떠세요? 건조하세요? 지나치게 습하신가요?

환자 : 건조합니다. 피부가 매우 건조한 편인데 특히 입술이 매우 건조합니다.

의사 : 피부 건조는 지속적인가요, 아니면 계절적인가요?

환자 : 피부와 입술이 언제나 건조합니다.

의사 : 직장에서 또는 집에서 화학성분을 다루십니까?

환자 : 저는 건물관리를 하는 기술자입니다. 페인트와 수리 작업을 하고 있습니다.

의사 : 일하는 동안 화학물질 또는 부식성 물질이 몸에 직접 닿은 적이 있나요?

환자 : 페인트를 칠하는 동안 페인트가 피부에 묻은 적이 있습니다.

**Doctor** : Your skin is damaged due to chemicals, so I will
prescribe some medication to help you.
For your skin protection, wear long sleeve shirts
and masks when you use paint with spray guns
or brushes.

**의사** : 화학물질로 인한 피부 손상에 관한 약을 처방해 드리겠습니다.
페인트 분무기나 페인트 붓을 사용할 때 피부 보호를 위해 긴 소
매의 상의를 입고 마스크를 착용하세요.

예문 4

**Doctor** : How much sun exposure do you get from
outdoor work or leisure activities?
**Patient** : I like sun bathing and using tanning booths in
salons, for 3 to 5 hours a week.

**의사** : 밖에서 일하시거나 여가 활동을 하실 때 햇빛에 얼마나 노출되세
요?
**환자** : 일주일에 3시간에서 5시간 정도 일광욕을 하거나 살롱에서 인공
태닝을 합니다.

예문 5

**Doctor** : For how long do you have sun exposure every day or week?

**Patient** : I am a landscaper, so I spend more than 8 hours a day in the field.

**Doctor** : You'd better protect your skin by applying intensive care sunblock lotion.
Have you been bitten by any insects recently?

**Patient** : I went on a hike in my neighborhood's mountain last Saturday.
Since then, I have had bug bites on my legs.

**의사** : 매일 또는 일주일에 얼마나 오래 햇빛에 노출되세요?

**환자** : 저는 정원사라서 하루에 8시간 이상 밖에서 보냅니다.

**의사** : 강한 자외선차단 로션을 피부에 발라서 피부를 보호하세요.
최근에 곤충에 물린 적이 있나요?

**환자** : 지난 토요일에 이웃에 접해 있는 산에 도보여행을 했습니다.
그때 다리를 곤충에 물린 적이 있습니다.

예문 6

**Doctor** : When did you notice your hair loss?

**의사** : 언제 탈모현상이 있는 것을 느꼈나요?

Patient : I noticed my hair loss recently.
Doctor : Did you have any associated symptoms, such
as fever and pain?
Patient : No, I don't think so.

환자 : 최근에 탈모가 있는 것을 느꼈습니다.
의사 : 열과 통증과 같은 동반된 증상이 있었나요?
환자 : 아니요, 그렇지 않습니다.

예문 7

Doctor : Do you have any nail problems?
Patient : My nails are thin and easily broken.
I want to ask you something. My child has
strange habits, which are nail-biting and hair-
twisting. Is that normal?
Doctor : You should see a pediatrician to have a
consultation about common childhood habits.

의사 : 손톱과 발톱에 문제가 있나요?
환자 : 손톱과 발톱이 얇고 잘 부러집니다.
질문이 있습니다. 제 아이가 손톱을 깨물고 머리를 꼬는 이상한
버릇이 있는데 그런 행동들이 괜찮은가요?
의사 : 어린아이의 버릇에 관해서는 소아과 전문의에게 상의해 보세요.

# 9 소화기 계통에 관한 문제

*Digestive and Gastrointestinal Problems*

**Doctor** : What brought you here to see me?

**Patient** : I've lost my appetite.

I have unexplained weight loss (or gain).

**Doctor** : How much weight have you lost?

Are you dieting? (or fasting?)

**Patient** : I've lost 10 pounds too quickly. (or, I'm not dieting.)

**Doctor** : Do you have any difficulty swallowing?

**Patient** : I don't think so.

I like fatty foods.

I have heartburn.

I have indigestion.


의사 : 무슨 일로 오셨나요?

환자 : 식욕이 떨어졌어요.

예기치 않게 체중이 줄었습니다. (또는 늘었습니다.)

의사 : 얼마나 줄었습니까?

다이어트를 하나요? (또는 굶으셨나요?)

환자 : 갑자기 10파운드가 줄었습니다. (또는 다이어트는 하지 않았어요.)

의사 : 삼키기가 힘드십니까?

환자 : 그렇지는 않습니다.

기름진 음식을 좋아합니다.

속이 쓰립니다.

소화가 안됩니다.

Patient : I have bloating and pressure.

I have hiccups constantly.

Doctor : Do you have stomach pain?

Patient : Yes, I do.

Doctor : Is it in one spot or does it move around?

Patient : It is above my belly button.

It moves around my abdomen.

Doctor : For how long have you felt it?

Patient : It has been seven days now.

Doctor : When has it felt worst?

Patient : When I am hungry.

After I eat fatty foods.

Before meals.

환자 : 속이 더부룩하고 갑갑합니다.

계속해서 딸꾹질을 합니다.

의사 : 배가 아프세요?

환자 : 네, 그렇습니다.

의사 : 통증 부위가 한 부위에 고정되어 있나요, 아니면 여기 저기서 느껴지나요?

환자 : 배꼽 위입니다.

배 주위에서 느껴집니다.

의사 : 얼마 동안 지속되었나요?

환자 : 7일째입니다.

의사 : 언제 심하게 느껴집니까?

환자 : 배가 고플 때입니다.

기름진 음식을 먹은 후에 그렇습니다.

식전에 그렇습니다.

Patient : After meals.
Doctor : Can you describe your pain?
Patient : I feel uncomfortable after meals.
I feel full for several hours after meals.
I have dull pain.
I have burning pain.
Doctor : What makes your pain worse? Any positions, activity, food, or stress?
Patient : I have a burning sensation whenever I have stress.
I have aching pain when I lie down.
Doctor : Have you had nausea or vomiting?
Patient : I had vomiting, and the color was bloody.
Doctor : Did you have fever, chills, diarrhea, or sweating?

환자 : 식후에 그렇습니다.
의사 : 통증에 관해 설명을 해주시겠습니까?
환자 : 식후에 불편합니다.
식후 몇시간 동안 더부룩합니다.
감각이 둔한 통증이 있습니다.
쓰라린 통증이 있습니다.
의사 : 무엇이 통증을 심하게 하나요? 자세, 활동, 음식 또는 스트레스인가요?
환자 : 스트레스를 받을 때마다 속이 쓰려요.
누워 있으면 아파요.
의사 : 메스꺼움이나 구토가 있었나요?
환자 : 구토가 있었고, 색깔은 혈액색입니다.
의사 : 열, 오한, 설사, 또는 땀이 났나요?

Patient : I had diarrhea and chills.

Doctor : How often do you have bowel movements
before you feel the current symptoms?

Patient : About once every two days. I usually have some
constipation.

Doctor : For how long have you had constipation?

Patient : Over two months.

Doctor : Do you use stool softeners?

Patient : I've never tried them.

Doctor : How much fiber do you eat?

Patient : I don't like vegetables.

I eat meat often.

I like fruits though.


환자 : 설사와 오한이 있었습니다.

의사 : 현재 증상을 느끼기 전에 배변은 얼마나 자주 했나요?

환자 : 이틀에 한 번 정도 했습니다. 보통 변비 증상이 있는 편입니다.

의사 : 얼마 동안 변비 증상이 있었나요?

환자 : 두 달 이상입니다.

의사 : 변비 완화제를 복용하고 있나요?

환자 : 아직 복용하지 않았습니다.

의사 : 섬유질은 얼마나 드시나요?

환자 : 야채를 좋아하지 않습니다.

고기를 자주 먹습니다.

그래도 과일은 좋아합니다.

**Doctor :** Will you tell me your past history, such as having stomach ulcers, jaundice, hepatitis, appendicitis, pancreatitis, or cancer?

**Patient :** I had a stomach ulcer two years ago. Since then, I have had stomach pain and other problems.

**Doctor :** Did you have an operation?

**Patient :** No.

**Doctor :** I'll order an endoscopy.

의사 : 과거 병력을 말씀해 주시겠어요? 예를 들면, 위궤양, 황달, 간염, 맹장염, 췌장염, 또는 암과 같은 질환에 대해서요.

환자 : 위궤양이 2년 전에 있었습니다. 그 후로 배가 아프고 다른 문제가 있는 것 같습니다.

의사 : 수술한 적이 있나요?

환자 : 아니요.

의사 : 내시경을 처방하겠습니다.

## 10 호흡기 계통에 관한 문제
*Respiratory Problems*

**Patient :** I have been bothered by persistent coughing.

환자 : 기침이 계속되어서 힘듭니다.

Doctor : For how long have you had it?

Patient : For a week.

Doctor : Did it start suddenly or gradually?

Patient : I think it started gradually. I have been coughing continuously.

My coughing wakes me up at night.

Some phlegm comes up when I cough.

Doctor : Did you cough up any bloody phlegm?

Patient : It looks like streaks of bloody phlegm.

Doctor : What does your coughing sound like?

Patient : It sounds like barking (hoarse, bubbling, dry).

I cough whenever I am anxious about something.

I cough when I lie down.

의사 : 얼마 동안 지속되었나요?

환자 : 일주일 정도입니다.

의사 : 갑자기 시작됐나요, 아니면 서서히 시작됐나요?

환자 : 서서히 시작되었어요. 계속해서 기침이 납니다.

기침 때문에 밤에 잠이 깹니다.

기침할 때 가래도 나옵니다.

의사 : 가래에 피도 섞여 나오나요?

환자 : 혈담이 가래에 섞여 있는 것 같습니다.

의사 : 기침소리가 어떠세요?

환자 : 기침소리가 요란하게 납니다. (목이 쉰 소리, 거품소리, 마른기침)

근심거리가 있으면 기침을 합니다.

누워 있으면 기침을 합니다.

Patient : I cough when I exercise or perform other
activities.
I cough when I talk.
I coughed for several days when I had a fever.
Doctor : Do you have any other symptoms associated
with it?
Patient : I have ear pain.
Doctor : Is your breathing okay?
Patient : I think I have some mild shortness of breath.
Doctor : Have you ever had night sweats?
Patient : When I had a fever, I sweat a lot.
Doctor : How much did you sweat?
Patient : My pillow was soaked by sweating.
Doctor : Did you feel better when you sat up?

환자 : 운동이나 활동을 하면 기침을 합니다.
대화를 나눌 때 기침을 합니다.
열이 날 때 며칠 동안 기침을 했어요.
의사 : 다른 동반되는 증상이 있나요?
환자 : 귀가 아파요.
의사 : 호흡은 괜찮나요?
환자 : 숨이 약간 가쁩니다.
의사 : 식은땀이 납니까?
환자 : 열이 날 때 땀이 많이 납니다.
의사 : 땀이 얼마나 났습니까?
환자 : 땀으로 베개가 젖을 정도였습니다.
의사 : 앉아 있었을 때는 좀 괜찮으셨나요?

Patient : I can breathe better when I sit up.

Doctor : What do you do if a hard-breathing attack begins?

Patient : I sit up and take slow deep breaths for a few minutes.

Doctor : I'll refer you to a specialist.

환자 : 앉아 있으면 숨쉬기가 수월합니다.

의사 : 갑작스럽게 호흡이 곤란하면 어떻게 대처하나요?

환자 : 앉아서 몇 분동안 천천히 깊은 숨을 쉽니다.

의사 : 전문의에게 의뢰하겠습니다.

* 가래(Phlegm[Sputum])의 색깔에 따른 원인들

  - Colds, bronchitis, or viral infection : white or clear color
    감기, 기관지염, 또는 바이러스 감염 : 흰색 또는 청색

  - Bacterial infection : yellow or green
    박테리아에 의한 감염 : 노란색 또는 초록색

  - Tuberculosis or pneumonia : rusty color
    결핵 또는 폐렴 : 녹이 슨 것 같은 색

  - Pulmonary edema or side effects of medication : pink
    폐부종 또는 약물 부작용 : 분홍색

## 11 알레르기에 관한 문제
### *Allergy Problems*

**Doctor** : Do you use any medication or oxygen inhalers to relieve your symptoms?

**Patient** : I have been taking allergy medication.
I have tried to take Claritin-D, Flonase, and Zertec.
If I do not take something, I cannot breathe well.
I cannot swallow well whenever I skip my medication.

**Doctor** : So, do you feel better when you take your medication?

**Patient** : I tried several different brands, but only Claritin-D has worked very well for me.


의사 : 알레르기 증상을 완화시키기 위해 약을 복용하거나 산소 흡입기를 사용하세요?

환자 : 알레르기 약을 복용하고 있어요.
클라리틴-디, 플로네이즈, 그리고 젤텍을 복용했습니다.
약을 복용하지 않으면, 숨을 잘 쉴 수가 없어요.
약을 거르면 잘 삼킬 수가 없어요.

의사 : 그래서 약을 복용하면 한결 나은가요?

환자 : 여러 종류의 약을 복용해 봤지만, 저에겐 클라리틴-디가 가장 효과가 좋습니다.

**Doctor** : Do you have any family history of allergies or asthma?

**Patient** : No, none that I know of.

**Doctor** : Do you smoke cigarettes or cigars?*

**Patient** : I smoke a pack of cigarettes every day.

**Doctor** : When did you start to smoke?

**Patient** : I have smoked since high school.

**Doctor** : Have you ever tried to quit?

**Patient** : I tried to quit smoking for a while last year, but I have started to smoke again.

**Doctor** : Smoking can cause allergies and can increase your risks with heart, lung, and other problems.

의사 : 가족 중에 알레르기나 천식을 앓는 분이 있습니까?

환자 : 아니요, 제가 알기로는 없는 것 같습니다.

의사 : 담배*를 피우십니까?

환자 : 하루에 한갑을 피웁니다.

의사 : 언제부터 피우셨나요?

환자 : 고등학교 다닐 때부터입니다.

의사 : 금연을 시도해 보았나요?

환자 : 지난해에 한동안 금연을 시도했었지만 다시 피우기 시작했습니다.

의사 : 흡연은 알레르기는 물론 심장, 폐, 그리고 다른 건강문제를 야기합니다.

* Cigarette은 작은 개비, Cigar는 큰 사이즈로 말아 놓은 것

**Doctor** : Some proven risks are heart disease, cancer, emphysema, and so on.
However, when you quit smoking, your health starts to improve immediately.

**의사** : 심장 질환, 암, 폐기종 등을 일으킨다는 결과가 있습니다.
그렇지만, 금연을 하시면 곧 건강이 회복됩니다.

## 12 심장에 관한 문제
*Heart Problems*

**Patient** : I have tightness in my chest.
I feel heaviness in my chest when I climb stairs or vacuum the floor.
The feeling goes away when I stop doing those things.
That's pretty much it.
**Doctor** : When did you notice it?

**환자** : 가슴이 조이는 것 같습니다.
계단을 오를 때 또는 진공 청소기로 방바닥을 청소할 때 가슴이 답답함을 느낍니다.
그런 활동을 멈추면 증상이 사라집니다.
그게 전부인 것 같습니다.
**의사** : 언제부터 그런 것 같습니까?

Patient : I have noticed it only recently.

Doctor : For how long have you had it?

Patient : Whenever I would have an episode, it would last
for a few seconds.

Doctor : Have you had that type of pain before?

Patient : No, never.

Doctor : Does the pain radiate to any other areas?

Patient : I felt like it moved down to my left arm.

Doctor : Can you describe your pain?

Patient : It felt like a crushing pain.

Doctor : What did you do just before you had pain?
While resting, Just after eating,

환자 : 최근에 느꼈습니다.

의사 : 얼마 동안 지속되었나요?

환자 : 증상이 나타날 때마다 몇 초 동안 지속됩니다.

의사 : 전에도 그런 증상을 느꼈나요?

환자 : 아니요, 전혀 없었습니다.

의사 : 통증이 다른 곳으로 퍼지나요?

환자 : 왼쪽 팔로 뻗치는 것을 느꼈습니다.

의사 : 통증을 설명해 보시겠어요?

환자 : 쥐어짜는 듯한 통증입니다.

의사 : 통증을 느끼기 직전에는 무엇을 하셨나요?
쉬고 있는 동안, 식후,

Doctor : I was emotionally upset, I had an argument, I was exercising, and it seems to come on with cold weather?

Patient : I argued with customers.

Doctor : Did you have any associated symptoms? Pale skin, Shortness of breath, Nausea and vomiting, Sweating, Palpitation?

Patient : I could not breathe well and I sweat a lot.

Doctor : Was the pain relieved by rest?

Patient : Yes, it was.

Doctor : Do you exercise regularly?

Patient : I don't have time to exercise on a regular basis. I exercise during the weekends.

의사 : 속이 상했다, 불화가 있었다, 운동을 하고 있었다, 추위가 있었다?

환자 : 손님들과 말다툼이 있었습니다.

의사 : 동반 증상이 있었나요? 창백한 피부, 호흡 곤란, 메스꺼움과 구토, 땀, 가슴이 두근거림?

환자 : 숨을 잘 쉬지 못하고 땀이 많이 났어요.

의사 : 쉬고 나면 통증이 가라앉나요?

환자 : 네, 그렇습니다.

의사 : 정기적으로 운동을 하나요?

환자 : 정기적으로 운동할 시간이 없습니다. 주말에 운동합니다.

Doctor : Do you wake up with breathing problems?

Patient : Sometimes.

Doctor : Have you ever noticed your skin turn blue?

Patient : No.

My feet and legs were swollen fairly often.

Doctor : When did you first notice this?

Patient : Recently.

I felt my shoes were so tight at the end of the day.

If I raise my legs and rest for a while, my legs return to normal.

의사 : 숨쉬기가 힘들어서 잠에서 깨나요?

환자 : 때때로 그렇습니다.

의사 : 피부가 파랗게 되는 것을 느끼셨어요?

환자 : 아니요.

발과 다리가 꽤 자주 부었어요.

의사 : 언제 처음 그 증상을 느끼셨나요?

환자 : 최근입니다.

하루일과가 끝난 후에는 신발이 꽉 조여진 듯한 느낌이 듭니다.

다리를 올리고 잠시 쉬면 다리가 정상이 되는 것 같아요.

Doctor : Have you ever had any heart problems before?

Patient : No.

Doctor : Do you have any family history with heart problems?

Patient : My father had a heart attack last year. Luckily, he survived after having an emergency treatment.

Doctor : What kind of food do you like?

Patient : I like fried chicken and hamburgers.

Doctor : Do you eat vegetables and fruits?

Patient : I eat meat more than vegetables. I think I am gaining weight.


의사 : 전에 심장 문제가 있었나요?

환자 : 아니요.

의사 : 가족 중에 심장 문제가 있으신 분이 있나요?

환자 : 지난해 아버지께서 심장마비가 있으셨습니다. 운이 좋게 응급처치를 받고 살아나셨어요.

의사 : 어떤 음식을 좋아하십니까?

환자 : 튀긴 닭고기와 햄버거를 좋아합니다.

의사 : 야채와 과일은 드십니까?

환자 : 야채보다 고기를 더 많이 먹습니다. 체중이 늘어난 것 같아요.

Doctor : If you exercise, what type of exercise do you
do?

Patient : Frankly, I'm a couch-potato. I do not exercise at
all.

Doctor : Exercise is a good tool for our health.
You should set aside time, and exercise
regularly to strengthen your heart and lungs.
Listen to your body, and know the meaning of
the signals it gives you.

의사 : 운동을 하신다면, 어떤 종류의 운동을 하시나요?

환자 : 솔직히 소파에만 앉아 있습니다. 운동을 전혀 하지 않습니다.

의사 : 운동은 건강을 지키는 좋은 도구입니다.
심장과 폐를 건강하게 하기 위해서 정기적으로 운동하는 시간을
가지세요.
당신의 몸 상태를 관찰하시고 몸에서 오는 신호의 의미를 알아보
세요.

## 13 말초혈관 계통에 관한 문제
*Peripheral Vascular System Problems*

예문 1

Patient : I have leg pain.
Doctor : Will you point to the specific area?

환자 : 다리가 아픕니다.
의사 : 아픈 부위를 지적해 주시겠어요?

Patient : Both my legs below my knees are painful and
swollen.
Doctor : Will you describe your pain?
Patient : I have cramping pain.
My pain came suddenly.
Doctor : What makes your pain worse?
Patient : It is aggravated by activity (or sitting, walking,
bending, or standing).
Doctor : Does the pain wake you up at night?
Patient : Yes, I cannot sleep well because of the pain.
Doctor : Do you exercise?
Patient : I began to exercise four days ago. I run for 30
minutes a day, nowadays.
The weather was cold when I exercised recently.

환자 : 무릎 밑의 두 다리가 아프고 부었습니다.
의사 : 통증이 어떤지 말씀해 주시겠어요?
환자 : 쥐어짜는 듯한 통증이 있습니다.
갑자기 통증이 왔어요.
의사 : 무엇이 통증을 심하게 하나요?
환자 : 활동(또는 앉기, 걷기, 구부리기, 또는 서 있기)을 하면 심해져요.
의사 : 통증 때문에 밤에 잠이 깨나요?
환자 : 네, 통증 때문에 잠을 잘 잘 수가 없어요.
의사 : 운동을 합니까?
환자 : 4일 전에 운동을 시작했어요. 요즈음은 하루에 30분씩 뜁니다.
최근에 운동할 때 날씨가 추웠어요.

**Doctor :** What relieves your pain - resting, rubbing, or dangling your legs?

**Patient :** I rest to relieve my pain.

**Doctor :** Do you have any past history of vascular problems - diabetes, obesity, smoking, heart problems, trauma, pregnancy, DVT*, or operations?

**Patient :** I have diabetes.
My veins look like they're bulging and crooked like worms moving around in the dirt.

**의사 :** 무엇이 통증을 완화시키나요 – 다리를 쉼, 문지름, 또는 자유롭게 늘어뜨림?

**환자 :** 통증을 완화시키기 위해 쉽니다.

**의사 :** 당뇨, 비만, 흡연, 심장질환, 외상, 임신, 심정맥 혈전증*, 또는 수술로 인한 혈관 문제가 있었나요?

**환자 :** 당뇨가 있습니다.
정맥이 튀어 나온 것 같고 땅 속을 기어 가는 벌레같이 구부러져 보입니다.

* Deep Vein Thrombosis(DVT) : Blood Clots can break away and travel through the bloodstream to vital organs of the body and can cause severe injury or death.

심정맥 혈전증 : 혈전이 떨어져 나갈 수 있으며 그것이 혈류를 통해 몸의 여러 기관으로 이동하면서 심한 장애 또는 죽음을 초래한다.

Patient : And my leg's skin color is different from other areas of my body (red, pink, blue, and brown discoloration, pallor).

Doctor : Did you feel any temperature differences, numbness, edema (swelling), ache, cold, flushing, etc. in your legs?

Patient : I wondered about that when I touched my legs. They were cooler than I thought they should be.

Doctor : Did you try to use a support hose? You may experience some relief.

Patient : No, I did not. I'll consider that option.


환자 : 그리고 다리의 피부색이 다른 부위와는 달라 보입니다. (붉은색, 분홍색, 푸른색, 그리고 갈색의 색깔 변화, 창백함)

의사 : 다리 체온의 차이나 무감각, 부종, 아픔, 찬 느낌, 화끈거림 등을 느꼈나요?

환자 : 다리를 만졌을 때 이상했어요. 정상보다 차가웠어요.

의사 : 탄성 스타킹을 착용한 적 있으신가요? 증상이 나아지는 것을 경험하실 겁니다.

환자 : 아니요, 착용해 본 적이 없습니다. 고려해 보겠습니다.


예문 2


Patient : I have noticed that my hands have become swollen recently.


환자 : 최근에 손이 붓는 것을 느낍니다.

Doctor : What time of day is the swelling at its worse?

Patient : I noticed it when I got up in the morning.

I have it most of the day.

I have it in the evening.

The swelling comes and goes.

It is constant.

I have it day and night.

Doctor : What is your occupation?

Patient : I'm a cashier. I stand all day long.

I'm a computer engineer. I use the computer all day long.

Do you think my job caused it?

Doctor : That can be a contributing factor, certainly.

의사 : 하루 중 언제 부기가 심합니까?

환자 : 아침에 일어났을 때 느꼈습니다.

대부분 하루종일 그렇습니다.

저녁에 그렇습니다.

부기가 있다 없다 합니다.

계속해서 있습니다.

밤과 낮으로 그렇습니다.

의사 : 직업이 무엇입니까?

환자 : 현금 출납계원입니다. 하루종일 서서 일합니다.

컴퓨터 기술자입니다. 하루종일 컴퓨터를 사용합니다.

직업에 의한 것이라 생각하십니까?

의사 : 틀림없이 그 부분이 원인 제공을 했다고 볼 수도 있겠죠.

Patient : I also have pain.

Doctor : I will help you with your medical concerns as best as I can.


환자 : 또한 통증도 있어요.

의사 : 건강문제 해결을 위해 최선을 다해보죠.


## 14 신경성 계통에 관한 문제
*Neurological Problems*

예문 1

Doctor : How often do you have seizures?

Patient : Pretty often.

Doctor : Do you have any warning signs before your seizures start?

Patient : I feel weird.

Doctor : Do you think your seizures travel throughout your body?


의사 : 발작을 얼마나 자주 하나요?

환자 : 매우 자주 합니다.

의사 : 발작이 시작하기 전에 전조증상이 있나요?

환자 : 이상을 느낍니다.

의사 : 발작이 몸으로 번진다고 생각하십니까?

**Patient :** I think they travel from the top to the bottom of my body.

**Doctor :** Can you describe what you feel after the seizures?

**Patient :** I have headaches.

I have weakness.

I have muscle aches.

I feel confused after seizures.

I am disoriented for a while.

I am dazed.

I feel dizzy.

**환자 :** 머리부터 발까지 번지는 것 같습니다.

**의사 :** 발작 후에는 무엇을 느끼는지 설명해 주시겠어요?

**환자 :** 머리가 아픕니다.

몸이 약한 것 같아요.

근육통이 있습니다.

발작 후에는 혼란스러움을 느낍니다.

잠시 동안 방향감각이 없어요.

멍합니다.

현기증을 느낍니다.

예문 2

Patient : Recently, I feel weak, especially on my left side.

Doctor : For how long have you experienced that symptom?

Patient : For about a week. Sometimes, my speech is so slow that I am unable to express myself very well.

Doctor : Can you remember things well?

Patient : No, I easily forget things, including taking medication.

Doctor : Do you sleep well?

Patient : I wake up a couple times at night.

Doctor : I will order a CT scan of the brain and see you in two weeks.

환자 : 최근에 특히 저의 몸 왼쪽이 좋지 않은 것 같아요.

의사 : 얼마 동안 그런 증상이 이어졌나요?

환자 : 일주일 정도요. 가끔 말이 너무 느려져서 표현도 잘 못해요.

의사 : 기억은 잘 하나요?

환자 : 아니요, 약 복용하는 것조차 잘 잊어버려요.

의사 : 잠은 잘 주무세요?

환자 : 밤에 몇 차례 깹니다.

의사 : 뇌 CT 촬영을 의뢰하고 2주 뒤에 다시 뵙도록 하겠습니다.

# 15 근육에 관한 문제
## *Muscle Problems*

Patient : My muscle aches.

Doctor : Will you point to the area?

Patient : It is in my legs.

It is in my shoulders.

It is in my back.

Doctor : Does your pain go away with rest?

Patient : I feel better when I rest.

Doctor : Do you have any unexplained weakness?

Patient : I cannot stand and walk very well.

I have difficulty climbing up and down the stairs.

I have difficulty walking up and down the stairs.


환자 : 근육통이 있습니다.

의사 : 아픈 부위를 지적해 보시겠어요?

환자 : 다리입니다.

어깨입니다.

등입니다.

의사 : 쉬면 통증이 사라집니까?

환자 : 쉬면 나아집니다.

의사 : 설명할 수 없는 무기력을 느끼시나요?

환자 : 서기나 걷기를 잘 못합니다.

계단을 오르내리기가 힘듭니다.

계단을 오르내리기가 힘듭니다.

Patient : I cannot use my arms very well.

I have difficulty picking up objects from the floor.

Doctor : Always hold hand rails when you walk up and down the stairs.

Hold furniture for support while bending over and straightening yourself.

환자 : 팔을 잘 쓸 수가 없습니다.

바닥에 있는 물건을 집기가 힘듭니다.

의사 : 계단을 오르내리실 때 손잡이를 항상 잡으세요.

몸을 구부리거나 펴는 자세를 하는 동안 가구를 잡고 의지하세요.

## 16 관절에 관한 문제
*Joint Problems*

Patient : I have pain in my joints.

Doctor : Please tell me more.

Patient : I have pain in my left knee.

I have pain in my right knee.

환자 : 관절이 아픕니다.

의사 : 설명을 좀 더 해주세요.

환자 : 왼쪽 무릎에 통증이 있어요.

오른쪽 무릎에 통증이 있어요.

Patient : I have pain in both knees.

I have pain in my wrists.

I have pain in my fingers on both hands.

Doctor : What does your pain feel like?

Patient : It feels like sharp pain.

It feels like dull pain.

It feels like stiff pain.

Doctor : For how long have you had it?

Patient : I have had it for two weeks.

It comes and goes, so I waited until now to see you.

Doctor : How severe is your pain?

Patient : It is moderate.


환자 : 양쪽 무릎에 통증이 있어요.

손목에 통증이 있어요.

양손 모든 손가락에 통증이 있어요.

의사 : 어떤 통증인가요?

환자 : 날카로운 통증을 느낍니다.

둔한 통증을 느낍니다.

뻣뻣한 통증을 느낍니다.

의사 : 얼마 동안 지속되셨나요?

환자 : 2주입니다.

통증이 있다 없다 해서 오늘 선생님을 뵐 때까지 기다렸어요.

의사 : 통증이 얼마나 심하세요?

환자 : 중간 정도입니다.

Patient : My pain is worse when I get up in the morning.
I feel better during the day.
I have sore throat with my pain sometimes.

Doctor : Is your pain associated with other symptoms,
such as fever, activities, cold weather, and
chills?

Patient : I think so. I feel more pain when the weather is
cold.

Doctor : I'll order some tests following the examination.

환자 : 아침에 일어날 때 통증이 심합니다.
낮 동안은 좀 나은 편입니다.
때때로 통증과 함께 목도 아픕니다.

의사 : 통증이 열, 활동, 추운 날씨 그리고 오한과 같은 증상을 동반하나
요?

환자 : 그런 것 같아요. 날씨가 추우면 통증이 더합니다.

의사 : 진찰 후 몇 가지 검사를 의뢰하겠습니다.

## 17 비뇨기 계통에 관한 문제
*Urinary Problems*

Doctor : How can I help you?

의사 : 어떻게 도와드릴까요?

Patient : I go to the bathroom frequently and sometimes I urinate when sneezing, walking, laughing, or exercising. It is embarrassing when I attend parties.

Doctor : How old are you?

Patient : I am 50 years old.

Doctor : Incontinence can be caused by stress, overactive bladder (OAB), and multiple pregnancies.

Patient : Can you explain to me the discrepancies amongst those?

Doctor : Stress incontinence, which is more common in women, causes urine to leak when you laugh or cough.
Overactive bladder, also called urge incontinence, is caused by urinary muscle spasms that cause an urgency to urinate.

환자 : 화장실을 자주 가고 때때로 재채기, 걷기, 웃기, 또는 운동을 할 때 소변이 나옵니다. 파티에 참석할 때는 당황하기도 합니다.

의사 : 나이가 어떻게 되시죠?

환자 : 50세입니다.

의사 : 요실금은 스트레스, 과민성 방광, 그리고 다산이 원인이 됩니다.

환자 : 그것들의 차이를 설명해 주시겠어요?

의사 : 스트레스성 요실금은 여성에게 자주 있고 웃거나 기침할 때 소변이 흘러나오게 합니다.
과민성 방광은 급한 요실금이라고 부르기도 하는데 비뇨기 근육 경련으로 야기되며 급하게 소변을 보고 싶은 원인이 됩니다.

**Doctor :** Incontinence can also be caused by multiple pregnancies, being overweight and genetic predispositions. Men may have incontinence from prostate problems, urinary tract infection, bladder and kidney stones, cancer, or radiation therapy. Treatment options depend on the cause of the problems.

**Patient :** What is the cause of my problem?

**Doctor :** How many children do you have?

**Patient :** I have four children.

**Doctor :** Your problem may be due to multiple pregnancies. You can try to do the Kegel exercise to strengthen some of the muscles that control the flow of urine. I will give you a brochure, which explains how to perform the exercises.

**의사 :** 요실금은 다산, 과체중 그리고 유전적 요인이 원인이 되기도 합니다. 남자들은 전립선 문제, 요로 감염, 방광결석과 신장결석, 암, 또는 방사선 치료로 요실금이 오기도 합니다. 치료는 문제의 원인에 따른다고 봅니다.

**환자 :** 제 문제의 원인은 무엇인가요?

**의사 :** 자녀가 몇 명인가요?

**환자 :** 4명입니다.

**의사 :** 다산에 의한 것이라고 볼 수 있습니다.
소변의 흐름을 관장하는 근육을 강하게 하는 케겔 운동을 해보세요. 케겔 운동 방법이 설명된 책자를 드리겠습니다.

### To do Kegel exercises
### 케겔 운동하기

1. Squeeze the same muscles you would use to stop your urine. Your belly and rear end (buttocks) should not move.
   소변을 멈추기 위해 사용하는 근육을 조입니다. 배와 엉덩이는 움직이지 않습니다.

2. Hold the squeeze for 3 seconds, and then relax for 3 seconds.
   3초 동안 조이고 3초 동안 풀어 줍니다.

3. Repeat the exercise 10 to 15 times each session. Do three or more sessions a day.
   한 번에 10번에서 15번씩 운동을 되풀이합니다. 하루에 세 차례 또는 그 이상 실행합니다.

* For best results, more than three sets of Kegel exercises should be done every day.
  좋은 결과를 위해서 케겔 운동을 매일 세 차례 이상 하는 것이 좋습니다.

## 18 감정에 관한 문제
*Emotional Problems*

**Psychologist :** What has brought you here?

**Patient :** I feel depressed lately.

I feel as if I have no reason to live.

**심리치료사 :** 어떻게 오셨습니까?

**환자 :** 최근에 우울함을 느낍니다.

살아야 할 이유가 없다고 느껴집니다.

Patient : My primary physician advised me to have a consultation with a psychologist.

Psychologist : Will you explain what happened in your life? For example, have you experienced panic attacks, immediate family death, divorce, being laid off, or accidents?

Patient : I have worked as an assistant teacher for three years.

Last year, my co-worker, whom I have known for many years, harassed me verbally or sometimes sexually in the school lounge.

It was very humiliating to me and I made a difficult decision to report the incident to the school and the police.

I have known his family for a while as well.

환자 : 제 주치의가 심리치료사와 상담을 하길 권했습니다.

심리치료사 : 무슨 일이 있었는지 말씀해 보시겠어요? 예를 들면, 정신적 충격, 직계가족의 사망, 이혼, 실직, 또는 사고가 있으셨나요?

환자 : 3년 동안 보조교사로 일했습니다.

지난해 제가 수년 동안 알고 지낸 직장 동료가 학교 휴게실에서 저를 말로 괴롭히거나 때때로 성적으로 괴롭혔습니다.

너무 수치스러웠고 저는 어려운 결정을 내려 그 일을 학교와 경찰에 보고했습니다.

그의 가족도 얼마 동안 알고 지낸 사이였습니다.

**Patient :** He lost his job and was arrested by the police. Since then, I have been emotional and I feel depressed, having lost interest in everything. I stay at home most of the time. I barely meet my friends and have been jobless since then.

**Psychologist :** Do you live with your family or alone?

**Patient :** I live with my daughter who is a single mother with two young children.

**Psychologist :** How old are your grandchildren?

**Patient :** My grandson is five years old and my granddaughter is seven years old.

**Psychologist :** What is your daughter doing for a living?

**Patient :** She is a nurse assistant.


**환자 :** 그는 직장을 잃었고 경찰에 붙잡혀 갔습니다. 그 이후 저는 모든 일에 흥미를 잃었고 우울했으며 정서적으로 불안합니다. 대부분의 시간을 집에서 보냅니다. 그 이후 일도 하지 않고 친구들도 거의 만나지 않습니다.

**심리치료사 :** 가족과 지내십니까, 아니면 혼자 지내십니까?

**환자 :** 어린아이가 둘이 있는 혼자 사는 딸하고 살고 있습니다.

**심리치료사 :** 손주가 몇 살입니까?

**환자 :** 외손자는 다섯 살이고 외손녀는 일곱 살입니다.

**심리치료사 :** 따님은 무슨 일을 하십니까?

**환자 :** 간호 보조사입니다.

Psychologist : Do you take care of your grandchildren?

Patient : Yes, I do. I help them with their homework.

Psychologist : You need six initial sessions of exposure therapy.

Depending on your progress, I will recommend additional sessions.

I want you to get involved in social activities with family, church, or volunteering.

You can start with the activities you feel most comfortable doing.

Babysitting is a positive activity, but I want you to become engaged in public settings.

I will see you in three weeks to reassess.

Patient : Okay, I will try to take your advice.


심리치료사 : 손주를 돌보십니까?

환자 : 네, 그렇습니다. 숙제를 봐주고 있습니다.

심리치료사 : 노출요법을 처음 여섯 번 정도 받는 것이 좋을 듯합니다.

경과에 따라 추가 치료를 추천합니다.

가족, 교회와 관련된 사회 활동이나 봉사활동에 참여하는 것이 도움이 됩니다.

가장 편하게 할 수 있는 사회 활동을 먼저 시작해 보세요.

아이 돌보기도 좋은 활동이지만 사회적인 활동을 하시는 것이 좋겠습니다.

3주 뒤에 보겠습니다.

환자 : 알겠습니다, 선생님 조언을 받아드리겠습니다.

# 19 어린이의 건강
## *Child Health*

**Doctor** : Will you tell me of your child's problems and any other concerns?

**Parent** : I am worried about the scar on his arm due to hot water.

My son fell down and has had bruises.

My daughter has been biting her toenails.

My 3-year-old son has strange habits, such as rubbing his head on a pillow.

My baby spits out food.

My baby has grown up normally as far as I know.

**Doctor** : Your child is ten pounds overweight for his age and height.


**의사** : 자녀의 문제와 이와 관련된 의문이 있으시면 말씀해 보시겠어요?

**부모** : 뜨거운 물에 데어서 아이의 팔에 생긴 상처로 걱정이 됩니다.

아들아이가 넘어져서 멍이 들었어요.

딸아이가 발톱을 물어뜯습니다.

세 살 된 아들아이가 베개에 머리를 비비는 이상한 습관이 있어요.

제 아기가 음식을 뱉어 냅니다.

제가 알기로는 아이가 정상으로 자라고 있습니다.

**의사** : 댁의 아이가 나이와 키에 비해 10파운드가 더 나갑니다.

**Doctor** : Your child is five pounds under the normal weight for his age.

According to your child's age, what do you think of your child's vision development?

Any noticeable behaviors, such as reading, squinting eyes, and falling while walking or running?

**Parent** : My daughter falls down pretty often when she walks.

My daughter squints when she looks at some objects.

**Doctor** : May I have your baby's growth profile, i.e. weight, height, eating habits, and behaviors?

**Parent** : My son is gaining weight rapidly. He likes sweets and wants to drink soda instead of milk.

My son is hyperactive and has a short attention span.

의사 : 댁의 아이가 나이에 비해 표준보다 5파운드 밑입니다.

아이의 나이에 따른 시력 발달을 어떻게 생각하십니까?

독서, 눈 찡그리기 그리고 걷거나 뛰는 동안 넘어지는 것과 같은 눈에 뛰는 행동은 어떻습니까?

부모 : 제 딸이 걸을 때 잘 넘어집니다.

제 딸이 물체를 볼 때 눈을 찡그립니다.

의사 : 체중, 키, 식습관 그리고 행동 등 아이의 성장 상태는 어떤가요?

부모 : 제 아들은 체중이 빨리 느는 편입니다. 단것을 좋아하고 우유 대신 탄산음료를 좋아합니다.

제 아들은 활동이 심하고 주의 집중 시간이 짧습니다.

**Parent** : My teenage son's academic score is getting
poorer lately.
**Doctor** : He needs weight management and a diet
program. I will refer him to a specialist.
How often does your child have mouth
infections, such as thrush, canker sores, or
lesions around the mouth?
**Parent** : He has thrush in his mouth pretty often.
**Doctor** : How often does your child have sore throat or
tonsillitis?
**Parent** : She has already had three episodes in three
months.
**Doctor** : Did your child's teeth erupt in on time?
**Parent** : Yes. She has four upper teeth and four lower
teeth.
My daughter goes to sleep with a milk bottle
both day and night.

부모 : 최근에 사춘기 아들의 학교성적이 떨어지고 있습니다.
의사 : 체중 관리와 식이요법이 필요합니다. 전문가에게 의뢰하겠습니다.
입 주위에 생기는 아구창(곰팡이에 의한 입안 감염), 구내염(입안
에 궤양성 반점이 좁쌀같이 생겨 아프게 함), 병변 같은 감염이 얼
마나 자주 생깁니까?
부모 : 아구창이 꽤 자주 생깁니다.
의사 : 얼마나 자주 아이가 목이 아픈가요, 또는 편도선염이 있나요?
부모 : 3개월 안에 이미 3번 있었어요.
의사 : 아이의 치아가 제때에 났나요?
부모 : 네. 윗니 4개 그리고 아랫니 4개가 있어요.
딸아이가 밤낮으로 우유병을 물고 잠이 듭니다.

**Parent** : I have noticed my child's thumb-sucking after finishing his bottle.

My son grinds his teeth while sleeping.

**Doctor** : Do you have any history of allergies in your family?

**Parent** : I have allergies during the spring season.

**Doctor** : Is your child willing to go out to play on the playground?

**Parent** : No, he doesn't move his body and stays in one place, playing alone.

I have also noticed that he squats to rest during play.

**Doctor** : Have you checked your child's lip color?

**Parent** : Yes, they were blue.

**Doctor** : Do you have any family history of heart disease?

**Parent** : My mother has had some symptoms of angina.


부모 : 아이가 우유를 다 마시고는 엄지손가락을 빠는 것을 알았습니다.

제 아들아이는 잠자는 동안 이를 갑니다.

의사 : 가족 중에 알레르기를 가지고 있는 분이 있나요?

부모 : 제가 봄철에 알레르기가 있습니다.

의사 : 아이가 놀이터에서 노는 것을 좋아합니까?

부모 : 아니요, 움직이지 않고 한곳에서 머물며 혼자 놉니다.

노는 동안 몸을 쪼그리고 앉아 쉬는 것도 봤습니다.

의사 : 아이의 입술 색을 보셨나요?

부모 : 네, 푸른빛이었습니다.

의사 : 가족력으로 심장질환이 있는 분이 계시나요?

부모 : 어머니께서 협심증이 있었어요.

Parent : She is under medical treatment now.

Doctor : Is your baby coordinated in sucking and swallowing?

Parent : Her coordination seems fine. Sometimes, she spills water when she uses cups.

Doctor : May I have more information regarding your baby?

Parent : She smiles when her daddy calls her.
She grasps my finger very well.
She turns her head when I touch her cheek.
She makes some sounds when she is happy.

Doctor : Can your baby balance herself?

Parent : She cannot balance well just yet.
She walks a few steps, and then she falls down.
Will you tell me the side effects of lead poisoning?

부모 : 어머니는 지금 치료를 받고 계세요.

의사 : 아기가 빠는것과 삼키는 것을 잘 조절시키고 있나요?

부모 : 잘 조절하고 있는 듯합니다. 때때로 컵을 사용할 때 물을 흘립니다.

의사 : 아기에 관해 더 자세히 말씀해 주시겠어요?

부모 : 아빠가 아기를 부르면 웃습니다.
제 손가락을 잘 잡습니다.
뺨을 만지면 고개를 돌립니다.
기분이 좋으면 소리를 냅니다.

의사 : 아기가 몸을 가눌 수 있습니까?

부모 : 아직 몸을 잘 가누지 못합니다.
몇 걸음 걷고는 넘어집니다.
납중독 부작용에 관해 말씀해 주시겠어요?

Doctor : If a child is exposed to a certain amount of lead through minute inhalation or through the skin pores, the child's development will most likely be delayed. He may be delayed in learning new skills.

Parent : My child is active. Thus, I am worried about him sucking everything with his mouth often.

Doctor : You'll want to remove dangerous items from his sight.

Parent : I have noticed my child's bizarre behavior.
My son has learning problems and cannot concentrate on his teacher's lecture.
He does not eat regular meals. Instead he only wants to eat candy and cookies most of the time.
He has become absorbed in computer games.
My daughter does not interact with her friends.

의사 : 아이가 일정량의 납을 흡입하거나 피부에 접촉하게 되면 성장에 장애를 가져옵니다. 새로운 것을 배우는 훈련이 느려집니다.

부모 : 제 아이는 활동적입니다. 그래서 종종 모든 것을 입으로 빠는데 걱정이 됩니다.

의사 : 위험한 것을 눈에 띄는 곳에서 치우세요.

부모 : 아이의 이상한 행동을 느꼈습니다.
제 아들이 학업에 문제가 있고 수업시간에 집중을 못합니다.
아이가 규칙적으로 식사를 하지 않아요. 대신에 주로 사탕과 과자류를 먹는 것을 좋아합니다.
아이가 컴퓨터 게임에 푹 빠져있습니다.
제 딸이 친구들과 어울리지 않습니다.

**Parent** : She does not like activities so she does not
engage in school activities.
She has lack of interest in all afterschool
activities as well.
My son's grades have fallen since he became a
freshman in high school.
My son seems depressed and has shown
excessive anxiety.
I am worried about her(or his) behavior.

**부모** : 딸아이가 활동을 싫어해서 학교 활동에 참여하지 않습니다.
아이가 모든 방과 후 활동에도 흥미가 부족합니다.
아들의 성적이 고등학교 1학년부터 떨어지고 있습니다.
제 아들이 우울해 보이고 지나치게 불안해 보입니다.
저는 딸(또는 아들)아이의 행동이 염려가 됩니다.

예문 1 **사춘기 아이**
*Teenager*

**Doctor** : Did you have sexual growth and development
education at your school?
**Teenager** : Yes, I did.

**의사** : 학교에서 성적 성장과 발달에 대해서 교육을 받았나요?
**사춘기 아이** : 네, 그렇습니다.

**Doctor** : Will you explain to me your understanding of what you learned in the class?

**Teenager** : I learned about the differences between male and female genitalia, about some venereal diseases, and about pregnancies and the use of contraceptives.

I also learned about drugs and alcohol, such as illicit drugs, their side effects, penalties, and alcohol abuse.

**Doctor** : Great.

How will you apply that information to your daily life?

**Teenager** : Now, I understand my normal growth and development milestones.

**의사** : 학교에서 무엇을 배웠는지 설명해 줄 수 있나요?

**사춘기 아이** : 남자와 여자의 성적 차이, 성질환들, 임신, 그리고 피임법에 관해 배웠습니다.

또한 불법 약물, 그 약의 부작용과 벌금, 그리고 알코올중독과 같은 마약과 술에 관해서 배웠습니다.

**의사** : 좋습니다.

그 정보를 일상생활에서 어떻게 적용할 수 있을까요?

**사춘기 아이** : 지금, 저는 저의 정상적인 성장과 발달 지표를 이해하고 있습니다.

**Teenager** : I am able to avoid most accidents and can
steer away from dangerous behavior.
I'll concentrate on my duties as a student.
**Doctor** : You have a good spirit.
Keep up the good work.


**사춘기 아이** : 저는 대부분의 사고와 위험한 행동을 피할 수 있습니다.
저는 학생 신분으로 학생의 의무에 집중할 것입니다.
**의사** : 좋은 정신을 가지고 있군요.
계속해서 잘해주세요.


예문 2 **부모의 역할에 대한 대화**
*Conversation about Parent's Role*

자녀를 둔 부모들이 부모역할의 중요성을 논하며 대화를 나누고 있습니
다. 무슨 이야기를 하는지 잠시 들어보겠습니다.


**Parent 1** : I realized recently that being a parent is a
painstaking job. We have to communicate
openly with children to gain better results.


**부모 1** : 최근에 저는 부모가 된다는 것이 얼마나 수고스러운 일인지 깨
달았어요. 좋은 결과를 가져오려면 자녀들과 마음을 열고 대화
를 나누어야겠지요.

**Parent 2 :** Yes, it is. Our attention and love can cure children from alcohol/drug abuse and other negative influences.

**Parent 3 :** When my husband passed away two years ago, my son was a teenager. He was already at risk at that time. My husband's death impacted my son. I noticed that his death influenced my son's academic score. It took two years to improve his grades.

**Parent 1 :** I am sorry to hear that. We understand that healthy parents foster and strengthen a healthy family. However, sometimes it does not work that way.

부모 2 : 네, 그래요. 우리들의 관심과 사랑이 아이들을 술과 마약중독 그리고 다른 나쁜 영향으로부터 치유를 할 수 있지요.

부모 3 : 제 남편이 2년 전 돌아가셨을 때, 제 아들이 사춘기였어요. 이미 그때 아이가 어려움에 처해 있었지요. 남편의 죽음이 아이에게 충격이었지요. 아빠의 사망이 아이의 성적에 영향을 준 것을 알았어요. 성적을 올리는 데 2년이 걸렸지요.

부모 1 : 안됐군요. 건전한 부모는 건강한 가족을 굳건하게 조성하지요. 그렇지만, 때론 그렇지 못할 때가 있지요.

**Parent 2 :** I agree with you. Our children can become influenced by peer pressure, positively and negatively. A few years ago, my daughter hung out with strange friends. So I was very nervous during that time. Now, she does not play with them.

**Parent 3 :** We should understand that each child is unique. We should not compare our child to another child.

**Parent 1 & 2 :** That's right.

부모 2 : 동감합니다. 아이들이 친구로부터 긍정적 그리고 부정적 영향을 받지요. 몇해 전에 딸아이가 이상한 친구들과 어울렸지요. 그래서 그 당시에 걱정을 많이 했어요. 지금은 그 아이들과 어울리지 않지요.

부모 3 : 우리는 각각의 아이가 독특한 것을 이해해야 합니다. 우리의 아이와 다른 아이를 비교하면 안되겠지요.

부모 1 & 2 : 맞아요.

# 20 여성의 건강
*Female Health*

예문 1 **월경**
*Menstruation*

Doctor : When was your last menstruation date?
Patient : It was January 10th.
Doctor : At what age did you start to menstruate?
Patient : At the age of 12.
Doctor : For how many days do your periods last?
Patient : They last for 3 days.
I have light menstruation.
I have heavy menstruation.
I have medium menstruation.
I use 3-5 pads a day.
I use 3-5 tampons a day.

의사 : 마지막 월경은 언제 하셨나요?
환자 : 1월 10일입니다.
의사 : 언제 월경을 시작하셨나요?
환자 : 12살에요.
의사 : 월경 기간이 보통 며칠인가요?
환자 : 3일 동안 합니다.
약하게 월경을 합니다.
심하게 월경을 합니다.
중간 정도로 월경을 합니다.
하루에 3–5개의 패드를 사용합니다.
하루에 3–5개의 탐폰을 사용합니다.

Doctor : Do you have any menstrual pain?

Patient : I have cramping pain.

I have breast tenderness.

I am so moody when I have menstruation.

I feel bloated when I have menstruation.

Doctor : Do you have any other questions or concerns?

Patient : I have some spotting between periods.

Doctor : Have you ever been pregnant?

Patient : Once.

Doctor : Have you ever had a miscarriage?

Patient : I had two miscarriages.

Doctor : Have you ever had an abortion?

Patient : I had one abortion.


의사 : 월경통이 있나요?

환자 : 쥐어짜는 아픔이 있습니다.

유방에 압통이 있습니다.

월경을 하면 감정기복이 있습니다.

월경을 하면 붓는 듯합니다.

의사 : 또 다른 질문이 있으신가요?

환자 : 월경 중간에 피가 좀 나옵니다.

의사 : 임신한 적이 있으신가요?

환자 : 한 번 있습니다.

의사 : 유산한 적이 있으신가요?

환자 : 두 번 유산을 했습니다.

의사 : 인공유산을 한 적이 있나요?

환자 : 한 번 인공유산을 했습니다.

예문 2 생식기
*Genitals*

Doctor : When did you last have a pap smear?

Patient : It was two years ago.

Doctor : Where was the clinic?

Patient : I had it at St. Rose clinic.

Doctor : What was the result?

Patient : It was negative (normal).

Doctor : Do you have any vaginal discharge?

Patient : I have some discharge.

의사 : 마지막 경구암검사는 언제하셨습니까?

환자 : 2년 전입니다.

의사 : 클리닉이 어디였나요?

환자 : 세인트 로즈 클리닉입니다.

의사 : 결과는 어땠나요?

환자 : 정상이었습니다.

의사 : 질 분비물이 있으신가요?

환자 : 약간의 분비물이 있습니다.

Doctor : How is the color? Is it grayish, yellowish green, white, or of pinkish color?

Patient : The color was yellowish.

Doctor : Was it smelly? Any foul smell?

Patient : It's not too bad of an odor.

Doctor : Do you have any pain when you void?

Patient : I have a burning sensation.

Doctor : Have you noticed any blood in your urine?

Patient : No, I don't have bloody urine.

Doctor : Have you been wetting yourself (Incontinence)?

Patient : Some urine releases when I jump, sneeze, or laugh vigorously.

Doctor : Do you have any other problems?


의사 : 색깔은 어떤가요? 회색, 푸른 노랑색, 흰색 또는 핑크색 중 어떤 색입니까?

환자 : 노랗습니다.

의사 : 냄새가 났나요? 지독한 냄새인가요?

환자 : 냄새가 나쁘지 않았어요.

의사 : 소변을 볼 때 통증을 느끼나요?

환자 : 쓰라린 아픔이 있습니다.

의사 : 소변에 피가 섞여 있었나요?

환자 : 아니요, 피는 섞이지 않은 것 같습니다.

의사 : 실금이 있었나요?

환자 : 펄쩍 뛰거나 재채기하거나 크게 웃으면 소변을 지립니다.

의사 : 다른 문제도 있나요?

**Patient :** I have itching in, or around, my vaginal area.

I have a rash in my vaginal area.

**Doctor :** Do you use a vaginal douche?*

**Patient :** I use once a week.


**환자 :** 질 안과 주위가 가렵습니다.

질 부위에 뽀루지가 났습니다.

**의사 :** 질 두쉬를 사용합니까?

**환자 :** 일주일에 한 번 사용합니다.


\* vaginal douche 질세척


예문 3 **임신**

*Pregnancy*


**Doctor :** Will you describe your previous pregnancies?

**Patient :** I had toxemia, hypertension and swelling when I had my second baby.

**Doctor :** What method of delivery did you use?


**의사 :** 전에 임신한 경험을 설명해 주시겠어요?

**환자 :** 두 번째 아이를 임신했을 때, 임신 중독증, 고혈압, 그리고 부종이 있었습니다.

**의사 :** 어떤 분만을 하였나요?

Patient : I was in the hospital for a while and had a
C-Section (Cesarean-Section).

Doctor : Was your baby a boy or a girl?

Patient : My baby boy was a premature baby.

Doctor : How many months were you pregnant before
you had a C-Section?

Patient : I was in my 8th month of pregnancy.

Doctor : What was the baby's weight at birth?

Patient : My baby's weight was five pounds.

Doctor : Did you breastfeed your babies?

Patient : I breastfed the first baby.
But I could not breastfeed the second one
because I was very weak.

Doctor : Now, you have a third pregnancy.


환자 : 병원에 잠시 입원하고 제왕절개를 했습니다.

의사 : 남아였나요, 아니면 여아였나요?

환자 : 제 아들은 미숙아였어요.

의사 : 제왕절개하기 전에 임신 몇 개월이었나요?

환자 : 임신 8개월이었어요.

의사 : 출산 때 아기의 체중이 얼마였나요?

환자 : 아기의 체중은 5파운드였습니다.

의사 : 아기에게 모유를 먹였나요?

환자 : 첫아이는 모유를 먹었습니다.
그러나 제가 체력이 약해서 두 번째 아기는 모유수유를 못했습니다.

의사 : 지금 세 번째 아기를 임신하셨습니다.

Patient : This is an unplanned pregnancy.
Doctor : What do you mean?
Patient : This pregnancy was not planned at all.
Doctor : How do you feel about it?
Patient : I feel fine.
I was anxious about my pregnancy when I realized it.
Obviously, my parents-in-law expect another one.
Doctor : How do you feel now?
Patient : I feel better than the second time.
Doctor : How does your husband feel about your pregnancy?
Patient : He became nervous when he heard about my pregnancy.

환자 : 계획하지 않은 임신입니다.
의사 : 무슨 뜻이세요?
환자 : 이번 임신은 전혀 계획에 없었습니다.
의사 : 임신 사실을 아셨는데 기분이 어떠세요?
환자 : 좋습니다.
임신 사실을 알았을 때는 걱정이 되었습니다.
엄밀하게 말하면 저희 시부모님께서 손주를 한 명 더 원하셨어요.
의사 : 지금은 어떠십니까?
환자 : 두 번째보다는 좋습니다.
의사 : 남편께선 임신을 어떻게 생각하십니까?
환자 : 임신 소식을 접했을 때 신경이 많이 쓰인 것 같습니다.

Doctor : Have you experienced any visual changes?

Patient : It seems as if my eyesight is getting worse when compared to previous days.

Doctor : Have you experienced any edema?

Patient : Not this time.

I void very often though.

Doctor : How does your baby move? Is it on a daily basis?

Patient : I feel the baby kicking now.

I can feel that the baby has been moving every day.

Doctor : Do you smoke?

Patient : I quit since I became pregnant.

Doctor : Good for you.


의사 : 시력이 변한 적 있으신가요?

환자 : 전과 비교해보면 시력이 나빠지는 것 같습니다.

의사 : 부종은 경험했습니까?

환자 : 지금은 아닙니다.

하지만 매우 자주 소변이 나옵니다.

의사 : 태아가 움직임이 활발한가요? 매일 놉니까?

환자 : 지금 아기가 차는 것 같아요.

아기가 매일 노는 것 같아요.

의사 : 담배를 피우십니까?

환자 : 임신한 뒤로는 끊었습니다.

의사 : 잘하셨어요.

Patient : My teeth are very weak.

Doctor : I encourage you to be careful with your dental hygiene.

Patient : I feel dizzy from time to time.

Doctor : Will you describe your dizziness?

Patient : I feel as if I am in a boat.

Doctor : I see. I will order a blood serum test for you.

Patient : Okay. I have an inverted nipple.*

Doctor : You will need special care in preparation for breastfeeding.

I will teach you just before delivering your baby.


환자 : 치아가 약한 것 같아요.

의사 : 치아 위생에 신경쓰시기를 권합니다.

환자 : 때때로 어지럽습니다.

의사 : 어지럼증에 대해 말씀해 주시겠어요?

환자 : 배 안에 있는 느낌입니다.

의사 : 알겠습니다. 혈액검사를 의뢰하겠습니다.

환자 : 네. 유두가 안으로 들어가 있어요*.

의사 : 모유수유를 준비하고 계시면 특별한 주의가 필요합니다.

분만 시기 직전에 알려드리겠습니다.


* inverted nipple 함몰유두

Doctor : Breastfeeding will provide your baby with
sufficient nutrition.
Are you planning to breastfeed your baby?
Patient : I have not decided yet. But I will think about it.


의사 : 모유수유는 아기에게 충분한 영양을 공급합니다.
모유수유를 계획하고 계세요?
환자 : 아직 결정을 못했습니다. 그러나 그럴 생각입니다.


예문 4 유방에 관련된 문제
*Breast Problems*


Doctor : Have you ever noticed any pain in or on your
breast?
Patient : I have mild pain on my right breast.
Doctor : What kind of pain do you have?
Patient : I have a pulling sensation.
Doctor : Did you exercise recently using your arms?


의사 : 유방에 통증을 느끼셨나요?
환자 : 오른쪽 가슴에 약한 통증이 있습니다.
의사 : 어떤 통증인가요?
환자 : 잡아당기는 것 같은 느낌입니다.
의사 : 최근에 팔 운동을 하셨나요?

Patient : Yes, I did. I moved my arms vigorously in a circular motion.

Doctor : How many times did you do it?

Patient : Around 30 – 40 times.

Doctor : It can be muscle ache from exercise. When was your last menstruation?

Patient : The 20th of this month. I have noticed a strange lump on the left side of my breast.

Doctor : When was your last breast exam?

Patient : It was two years ago.

Doctor : Did you notice any discharge from the nipples?

Patient : Yes, it did.

Doctor : What color was it?

Patient : It was a blood-tinged discharge.


환자 : 네, 그렇습니다. 둥근 원을 그리는 동작을 하면서 팔을 세게 돌렸습니다.

의사 : 얼마나 그렇게 하셨나요?

환자 : 대충 30-40번 정도 했습니다.

의사 : 운동에 의한 근육통일 수도 있습니다. 마지막 월경은 언제였나요?

환자 : 이번 달 20일입니다. 왼쪽 가슴에 이상한 덩어리가 만져집니다.

의사 : 언제 마지막 유방검사를 하셨나요?

환자 : 2년 전입니다.

의사 : 유두에서 분비물이 나왔나요?

환자 : 네, 그렇습니다.

의사 : 색깔이 어떠했나요?

환자 : 피가 섞인 분비물이었어요.

Doctor : Was it thin or thick?

Patient : It was a little bit thick.

Doctor : Do you have any members in your family who may have a history related to breast cancer?

Patient : My mother had breast cancer and she had lumpectomies.

Doctor : At what age did she have breast cancer?

Patient : She was around 60 years old.

Doctor : Have you ever done (performed) self-examination on your breasts?

Patient : I think so.

Doctor : How often have you performed it?

Patient : Several times each year.


의사 : 색이 옅은가요, 아니면 짙었나요?

환자 : 약간 짙었어요.

의사 : 가족 중에 유방암이 걸린 분이 계신가요?

환자 : 저의 어머니께서 유방암이 있어서 유방조직 일부를 잘라내셨어요.

의사 : 어머니께서 언제 유방암에 걸리셨나요?

환자 : 60세 경입니다.

의사 : 유방 자가검사를 하셨나요?

환자 : 그런 것 같습니다.

의사 : 얼마나 자주 했나요?

환자 : 일 년에 몇 차례 합니다.

**Doctor** : Will you demonstrate for me your breast self-examination?*

**Patient** : I put one hand behind my head.

With my other hand, fingers flattened, I gently feel the breast on the opposite side.

I press ever so lightly.

I palpate in concentric circles and in a clockwise direction.

**Doctor** : Good. You should do this every month after setting a regular monthly schedule.

Remember to feel all parts of each breast.


의사 : 유방 자가검사*를 어떻게 하는지 보여주시겠어요?

환자 : 한 손은 머리 뒤쪽에 둡니다.

다른 손은 손가락을 펴고 가볍게 반대쪽 유방을 만지며 느낍니다.

가볍게 눌러줍니다.

시계방향으로 동심원을 그리며 만집니다.

의사 : 좋습니다. 정기적으로 매달 스케줄을 정한 후 시행하세요.

각 유방 부위의 느낌을 기억하도록 하세요.


\* Breast self-examination : 유방 자가검사

Doctor : Breast self-examination involves checking your breasts for lumps or changes while standing and lying in different positions.
You are in charge of your own health.
When was your last mammogram?
Patient : Two years ago.
Doctor : I will order an ultrasound and biopsy.

의사 : 유방 자가검사는 다른 자세로 서서 그리고 누워서 유방의 덩어리 혹은 변화를 점검하는 것입니다. 당신이 본인의 건강을 관리하는 책임자입니다. 언제 마지막 유방암 방사선검사를 받았나요?
환자 : 2년 전입니다.
의사 : 초음파검사와 조직검사를 의뢰하겠습니다.

## 21 남성의 건강
*Male Health*

Patient : I have an urgency to urinate.
I wake up during the night because I need to go to the bathroom.

환자 : 급하게 소변을 봅니다.
화장실에 가고 싶어서 밤에 깹니다.

Doctor : How often do you have this problem?

Patient : I have this problem every day.

Doctor : When did you first notice this problem?

Patient : I noticed this problem after returning from my vacation.

Doctor : How is your urine stream?

Patient : It is weak and drips a little (before I begin… or after I finish…).

Doctor : Does it seem less forceful and thin in volume?

Patient : Yes, it does.

Doctor : Do you still feel like you need to void?

Patient : Yes, I do.

Doctor : Have you ever noticed any discharge?

Patient : Yes, I do have some discharge.


의사 : 얼마나 자주 이런 문제가 있으신가요?

환자 : 매일 이런 문제가 있습니다.

의사 : 언제 처음 느끼셨나요?

환자 : 휴가를 다녀온 후부터 이런 문제가 있습니다.

의사 : 소변줄기는 어떤가요?

환자 : 약하고 조금 흘립니다. (시작 전에… 또는 후에…)

의사 : 소변줄기가 약하고 양이 적은가요?

환자 : 네, 그렇습니다.

의사 : 아직도 배뇨를 하고 싶은 느낌이 드시나요?

환자 : 네, 그렇습니다.

의사 : 분비물이 나오나요?

환자 : 네, 약간 나옵니다.

Doctor : Do you have any pain?

Patient : I have mild pain when I void.

Doctor : How about your sexual life: active or inactive?

Patient : I was very active before having this problem.

Doctor : How many partners have you had in the last 12 months?

Patient : I have had several partners during a week's time.

Doctor : Do you have any past history of urinary infection, operations, or other complaints?

Patient : I had a sexually transmitted disease (once, twice, several times).

Doctor : Can you describe your Sexually Transmitted Disease (STD) in detail?

Patient : I noticed I had gonorrhea five years ago.

Doctor : I will examine your testicle and scrotum.


의사 : 통증이 있습니까?

환자 : 소변 볼 때 약간 아픕니다.

의사 : 성생활은 어떠십니까: 활발하신가요, 아니면 활발하지 않으신가요?

환자 : 이 문제가 있기 전에는 활발했습니다.

의사 : 지난 12개월 동안 몇 명의 파트너와 관계를 했나요?

환자 : 일주일 동안 몇 명과 관계를 했습니다.

의사 : 전에 비뇨기 감염, 수술, 또는 다른 문제가 있었나요?

환자 : 성질환이 (한 번, 두 번, 여러 번) 있었습니다.

의사 : 성질환에 대해 자세히 말씀해 주시겠어요?

환자 : 5년 전에 임질이 있었어요.

의사 : 고환과 음낭을 검사하겠습니다.

**Doctor** : Do you feel any heaviness?

**Patient** : Yes, I think I did.

**Doctor** : You should perform a testicular exam often when you bathe.

We can provide you with an instruction card.

You can keep it handy in your bathroom to remind you.

I'll order some tests and see you in three weeks.

**Patient** : Okay, I will.


의사 : 무거운 느낌을 느끼시나요?

환자 : 네, 그런 것 같습니다.

의사 : 목욕을 할 때 고환 검사를 자주 하세요.

설명서를 드리겠습니다.

상기시킬 수 있도록 이용하기 편한 화장실에 두세요.

검사 몇 가지를 의뢰해 드리겠고 3주 뒤에 뵙겠습니다.

환자 : 네, 알겠습니다.

# 22 노인의 건강
## *Senior Health*

예문 1 **약물**
*Medication*

Doctor : How many medications do you take?

Patient : I am taking five types of medication.

Doctor : Did you bring your medication list today?

Patient : I brought the bottles.

Doctor : Have you taken your medication as prescribed?

Patient : Sometimes, I forget to take them.

Doctor : Have you ever shared medication with your friends?

Patient : Honestly, I have shared a few times.

Doctor : It is not safe to share medication with others.

Patient : I see.


의사 : 몇 가지 약을 복용하십니까?

환자 : 저는 다섯 가지 약을 복용합니다.

의사 : 약 목록을 오늘 가져오셨나요?

환자 : 약병을 가져왔습니다.

의사 : 약을 처방한 대로 복용을 하셨나요?

환자 : 때때로 약을 복용하는 걸 잊어버리곤 해요.

의사 : 다른 친구들에게 약을 나누어 준 적이 있습니까?

환자 : 솔직히, 몇 번 있습니다.

의사 : 약을 다른 사람들과 나누어 복용하는 것은 안전하지 않습니다.

환자 : 알겠습니다.

Doctor : Have you ever experienced any of the possible side effects from your medication?

Patient : I have light-headedness.

Doctor : Some hypertension medication can cause that symptom. I will prescribe a different medication.

의사 : 복용하고 있는 약으로 인한 부작용을 경험한 적이 있나요?

환자 : 약간 현기증이 있습니다.

의사 : 일부 고혈압약이 그런 증상을 유발하기도 합니다. 다른 약을 처방해 드리겠습니다.

예문 2 **오리엔테이션**
*Orientation*

Doctor : Can you tell me how old you are?

Patient : I'm 80 years old.

Doctor : When were you born?

Patient : Well, I was born in 1929.

Doctor : Then, you're 78 years old.

Patient : No. I'm right.

의사 : 연세가 어떻게 되십니까?

환자 : 80세입니다.

의사 : 언제 태어나셨나요?

환자 : 글쎄요, 1929년에 태어났습니다.

의사 : 그러면 78세이십니다.

환자 : 아니요, 제가 맞습니다.

**Doctor** : It's fine. Are you married?

**Patient** : I'm a widow (or widower).

My husband (or wife) passed away two years

ago at the age of 82.

**Doctor** : I am sorry to hear that.

Is there someone who takes care of you when

you are sick?

**Patient** : I have one daughter who lives in Los Angeles.

의사 : 좋습니다. 결혼하셨나요?

환자 : 과부(또는 홀아비)입니다.

남편(또는 부인)이 2년 전 82세로 돌아가셨습니다.

의사 : 유감입니다.

편찮으실 때 누가 도와줄 사람이 있나요?

환자 : LA에 사는 딸이 하나 있습니다.

예문 3 **자기치유 문제**

*Self-care Problems*

**Doctor** : Do you feel weak all over most of the time?

**Patient** : Yes, I am so weak and have pain in my

shoulders and joints.

의사 : 대체로 몸이 약하다고 느끼십니까?

환자 : 네, 저는 매우 약하고 어깨와 관절이 쑤십니다.

Patient : My knee pain wakes me up at night.

Doctor : Do you feel you need additional medical services, such as having a visiting nurse or physical therapist?

Patient : I think so.

Doctor : How much do your health troubles stand in the way of you doing things you want to do?

Patient : A lot.

Doctor : Do you think you need assistance to do your daily activities?

Patient : I need a live-in aide or a domestic services worker.

I have a hard time living by myself.

Doctor : Have you ever considered moving to a nursing home or to an assisted-living facility?

Patient : I do not want to do that at this time.

환자 : 무릎이 아파서 밤에 깹니다.

의사 : 추가적으로 방문 간호사나 물리치료사 같은 의료서비스가 필요하다고 느끼시나요?

환자 : 그렇습니다.

의사 : 무엇을 하려고 할 때 건강 문제가 얼마나 지장을 줍니까?

환자 : 많이요.

의사 : 일상생활을 유지하기 위해 도움이 필요하다고 느끼십니까?

환자 : 상주하는 도우미나 가사 도우미 서비스가 필요합니다.

혼자 사는 것이 힘듭니다.

의사 : 양로원이나 혹은 생활에 도움을 주는 기관을 생각해 보셨나요?

환자 : 지금은 원하지 않습니다.

**Doctor** : Thank you for sharing.

의사 : 의견을 같이 나누어 주셔서 감사합니다.

## 23 술로 인한 문제
*Alcohol Problems*

**Doctor** : Do you drink alcohol?
**Patient** : Well, I quit.
**Doctor** : How much alcohol do you drink per day?
**Patient** : I have a few drinks after work.
**Doctor** : Earlier, you said you were laying off alcohol.
Tell me more about your drinking habits.
How much do you drink at one time/sitting?
**Patient** : Every day, even during business hours.

의사 : 술을 드시나요?
환자 : 글쎄요, 끊었어요.
의사 : 하루에 얼마나 드세요?
환자 : 일을 마친 후 조금 마십니다.
의사 : 좀 전에 술을 끊었다고 말씀하셨지요.
술버릇에 대해 말씀해 주세요.
한번에 얼마나 드세요?
환자 : 매일 마시는 편이고 근무 중에도 마십니다.

Doctor : Do you drink in the morning?

Patient : I drink right after I wake up in the morning.

Doctor : Have you ever thought you should cut down on your drinking?

Patient : I tried, but I failed.

Doctor : As many as two-thirds of the people who seek help recover from alcoholism.
　　　　 You have already stepped onto the right path.

Patient : What are the treatments?

Doctor : There are drug treatments, including psychotherapy and counseling.
　　　　 You can also join Alcoholics Anonymous (AA) for some support.

Patient : What is Alcoholics Anonymous (AA)?


의사 : 아침에도 드시나요?

환자 : 잠자리에서 일어나면 마십니다.

의사 : 음주량을 줄여야겠다고 생각한 적이 있나요?

환자 : 노력했지만 실패했어요.

의사 : 음주 문제로 도움을 청하는 사람들 중에 2/3가 회복을 합니다.
　　　 이미 바른 길로 임하셨습니다.

환자 : 무슨 치료가 있나요?

의사 : 약물 치료가 있고, 정신치료와 상담 치료가 병용됩니다.
　　　 또한 AA에 가입을 하시면 도움을 받을 수 있습니다.

환자 : AA가 무엇인가요?

Doctor : Alcoholics Anonymous (AA) is a worldwide fellowship of men and women who share a desire to stop drinking alcohol. AA suggests members to completely abstain from alcohol, regularly attend meetings with other members, and follow its program to help each other with their common purpose (staying sober).

의사 : AA는 금주를 원하는 남녀들의 세계적인 모임입니다. AA는 단원들과 정기적인 모임을 가져 공동의 목적(술이 취하지 않은 상태)을 전제로 서로 도와주는 자체 프로그램을 통하여 술을 완전히 끊을 것을 제안합니다.

## 24 흡연, 음주, 그리고 약물 사용
*Smoking, Drinking, and Using Drugs*

Patient : My hands shake.
Doctor : When did your problem start?
Patient : It started January of this year.
I was nervous when my hands shook.

환자 : 제 손이 떨립니다.
의사 : 언제부터인가요?
환자 : 올해 1월경부터입니다.
손이 떨릴 때는 불안해졌어요.

Patient : I was resting, but my hands were still shaking.

Doctor : Do you feel any numbness in your arms?

Patient : I don't have numbness, but I have a tingling sensation in my arms.

Doctor : Do you drink alcohol?

Patient : Occasionally. But I stopped drinking recently.

Doctor : Do you take street drugs (illicit, illegal, and underground)?

Patient : I used to smoke marijuana.

Doctor : For how long did you smoke it (months, years)?

Patient : I have smoked it for over 10 years.

Doctor : Did you try to quit smoking?

Patient : I have reduced smoking marijuana; however, I use heroin instead.

환자 : 쉬고 있었지만 손이 계속 떨렸습니다.

의사 : 팔이 무감각한 것을 느낍니까?

환자 : 무감각하지는 않지만, 팔이 저립니다.

의사 : 술을 마십니까?

환자 : 가끔이요. 하지만 최근에 끊었어요.

의사 : 노상약물(불법 마약)을 사용합니까?

환자 : 마리화나를 피우곤 했습니다.

의사 : 얼마나 피우셨나요 (몇 달, 몇 년)?

환자 : 10년 이상 피웠습니다.

의사 : 끊으려고 노력해 보셨나요?

환자 : 마리화나 사용은 줄였지만 대신 헤로인을 복용하고 있습니다.

**Patient :** My friend induced me to purchase drugs from
the black market.
Since then, I have tried to use different kinds of
drugs or combined the drugs together.

**Doctor :** Do you use IV for heroin?

**Patient :** Yes, I do.

**Doctor :** What do you do for living?

**Patient :** I'm a seasonal worker.

**Doctor :** Have you tried to quit using drugs?

**Patient :** I am going to.
But, I need your help. I want to live like an
ordinary person.
I'm single, but I want to marry someday.
I want to raise my own family.


**환자 :** 친구의 유혹으로 불법거래를 하는 곳에서 마약을 샀습니다.
그 후로 다양한 마약을 복용하거나 섞어서 복용을 하였습니다.

**의사 :** 혈관주사를 사용해서 헤로인을 하십니까?

**환자 :** 네, 그렇습니다.

**의사 :** 무슨 일을 하십니까?

**환자 :** 계절적으로 일합니다.

**의사 :** 약물 사용을 중단하기 위한 노력을 해보셨나요?

**환자 :** 그럴 예정입니다.
그렇지만, 도움이 필요합니다. 평범한 사람처럼 살고 싶습니다.
싱글이지만, 언젠가 결혼을 하고 싶습니다.
내 가족을 갖고 싶습니다.

**Patient :** I've been lonely living alone.

**Doctor :** That sounds positive. I will try to help you. You may have a hard road ahead of you, but if you want it bad enough, you can do it. Good luck!

**환자 :** 혼자 사는 것이 외롭습니다.

**의사 :** 긍정적인 생각입니다. 도와 드리겠습니다. 어려운 과제를 가지고 계시지만, 간절히 소망하면 이룰 수 있습니다. 행운을 빕니다.

## 25 가정폭력
*Domestic Violence*

**Doctor :** Tell me about this abuse in your relationship.

**Patient :** My husband has abused me since we married.

**Doctor :** For how long have you been married?

**Patient :** Almost seven years now.

**Doctor :** When you and your husband argue, are you ever afraid of him?

**의사 :** 부부간의 학대에 대해 말씀해 보세요.

**환자 :** 남편이 결혼한 이래 저를 학대해 왔습니다.

**의사 :** 결혼한 지 얼마나 되셨나요?

**환자 :** 거의 7년입니다.

**의사 :** 두 사람이 다툴 때 남편이 두려운가요?

MEMO

**Patient :** I have been terrified of him. His emotions are up and down all the time.
I don't know how to manage my responses when I'm around him.

**Doctor :** How does he abuse you?

**Patient :** He uses foul language and yells at me. He has thrown things and struck me with them.

**Doctor :** Do you think he tries to emotionally hurt you?

**Patient :** He tries to hurt me not only emotionally but also physically. He tries to control me in every way.
If I don't yield to him when he wants, he shows his temper and abuses me.

환자 : 남편이 무서웠습니다. 그는 감정 기복이 항상 심합니다.
남편하고 같이 있을 때 어떻게 그 사람에게 반응을 보여야 할지 모르겠습니다.

의사 : 어떤 식으로 학대를 합니까?

환자 : 폭언을 하고 소리를 지릅니다. 그는 물건을 던지고 저는 물건에 맞기도 합니다.

의사 : 그가 감정을 상하게 한다고 생각하십니까?

환자 : 감정만 상하게 하는 것이 아니고 신체적으로도 해를 줍니다. 그는 모든 면에서 저를 지배하려고 합니다. 그가 원하는 대로 양보를 하지 않으면, 그는 투정을 부리고 저를 못살게 합니다.

Doctor : Are you pregnant?

Patient : Yes, I am pregnant.

Doctor : Even as you are pregnant, has your husband hit (kicked, pushed, punched, slapped, or threatened) you?

Patient : Yes, he has been doing that.

Doctor : Has your husband ever forced you into sex when you did not want to participate?

Patient : Occasionally, yes.

Doctor : Thank you for sharing. I need to refer you to a specialist who can better consult with you. He (or she) will help you cope with this and try to turn your situation around.

의사 : 임신하셨나요?

환자 : 네, 임신했습니다.

의사 : 임신을 했는데도 남편이 때립니까? (차거나 밀거나 주먹질을 하 거나 따귀를 때리거나 위협합니까?)

환자 : 네, 그렇게 합니다.

의사 : 당신이 원하지 않아도 남편이 강제로 부부 관계를 요구합니까?

환자 : 때때로 그렇습니다.

의사 : 말씀해 주셔서 감사합니다. 당신의 문제를 잘 상담해 주는 전문가 에게 의뢰하는 것이 필요하겠군요. 전문가가 당신의 문제를 잘 대 처하고 해결하도록 도와드릴 것입니다.

# 26 불구로 인한 자기치유 문제
*Self-care Problems Relevant to Deformities*

우리의 부모님들이 질병이나 사고로 인해 신체에 이상이 발생할 경우 그분들은 평상시에 쉽게 하던 일상생활이 어렵게 되고 많은 제한을 받게 됩니다. 그런 제한들에는 어떤 것이 있으며 어떻게 표현이 되는지 알아 보겠습니다.

예문 1 **요리와 섭식**
*Cooking and Eating*

- My mother used to cook very well, but she cannot cook any more.
- She has difficulty using knife (or chopsticks and spoon).
- She cannot prepare meals.
- She has difficulty cutting up meat.
- My father is unable to eat by himself.
- He cannot bring food to his mouth.

- 저의 어머니께서 전에는 요리를 잘하셨는데 이제는 더 이상 하지 못합니다.
- 어머니는 칼(또는 수저) 사용이 어렵습니다.
- 어머니는 요리를 할 수가 없습니다.
- 어머니는 고기 자르는 것이 어렵습니다.
- 저의 아버지는 스스로 드시지 못합니다.
- 아버지는 음식을 입에 가져가지 못합니다.

- He cannot drink by himself.
- He has difficulty swallowing food.

- 아버지는 스스로 마실 수가 없습니다.
- 아버지는 음식을 삼키기가 어렵습니다.

예문 2 **몸단장**
*Grooming*

- My father cannot shave by himself.
- He cannot brush his teeth by himself.
- My mother cannot apply makeup by herself.
- She cannot fix her hair.
- She is unable to shampoo her hair by herself.

- 저의 아버지는 스스로 면도를 못합니다.
- 아버지는 스스로 칫솔질을 못합니다.
- 저의 어머니는 스스로 화장을 하지 못합니다.
- 어머니는 머리 손질을 할 수가 없습니다.
- 어머니는 스스로 머리를 감지 못합니다.

예문 3 **옷입기**
*Dressing*

- My father cannot zip up his jacket.
- He has difficulty tying his shoes.
- He has difficulty pulling up his pants.
- He has difficulty pulling down his pants.
- My mother has difficulty buttoning up her sweater.
- She is unable to put on her shirt.
- She cannot fasten clothing behind her back.
- She is unable to pull undergarments over her head.
- She is unable to take off (pull off) her coat.


- 저의 아버지는 상의의 지퍼를 올리지 못합니다.
- 아버지는 신발끈 매는 것을 어려워합니다.
- 아버지는 바지를 올리는 것이 어렵습니다.
- 아버지는 바지를 내리는 것이 어렵습니다.
- 저의 어머니는 스웨터 단추를 잠그는 것을 어려워합니다.
- 어머니는 셔츠 입는 것을 못합니다.
- 어머니는 등 뒤로 옷을 조이는 것을 못합니다.
- 어머니는 머리 위에서 속옷을 잡아내리는 것을 못합니다.
- 어머니는 코트 벗는 것을 못합니다.

**예문 4** **용변**
*Toileting*

- My father cannot control his urination.
- He cannot control his bowel movements.
- My mother uses adult diapers.

- 저의 아버지는 소변을 가리지 못합니다.
- 아버지는 대변을 가리지 못합니다.
- 저의 어머니는 성인 기저귀를 사용합니다.

**예문 5** **목욕하기**
*Bathing*

- My father cannot bathe by himself.
- He cannot turn faucets on and off.
- He has a hard time controlling the water temperature.
- My mother cannot get in and out of the tub.
- My mother has badly burned herself using hot water instead of adjusting to the proper temperature.

- 저의 아버지는 스스로 목욕을 하지 못합니다
- 아버지는 수도꼭지를 틀고 잠그는 것을 못합니다.
- 아버지는 물 온도를 조절하는 것이 힘듭니다.
- 저의 어머니는 욕조에 들어가고 나가는 것을 못합니다.
- 저의 어머니는 적당한 온도 조절을 못하여 뜨거운 물에 심하게 화상을 입었습니다.

 **의사전달**
*Communication*

- My father cannot communicate very well (or "at all" or "easily") with other people.
- He is eager to speak, but no one seems to understand his words.
- He is unable to write anything.
- My mother uses her hands to write some words in the air.
- She tries to speak, but her voice is very weak, barely whispering.
- She cannot use a phone because she has difficulty hearing.


- 저의 아버지는 다른 사람들과 (전혀 또는 쉽게) 대화를 잘하지 못합니다.
- 아버지는 말을 하고 싶어 하지만, 아무도 그의 말을 알아듣지 못하는 것 같습니다.
- 아버지는 아무것도 쓸 수가 없습니다.
- 저의 어머니는 손으로 공중에 무언가를 씁니다.
- 어머니는 말을 하려고 하지만, 목소리가 너무 작고 간신히 속삭이는 정도입니다.
- 어머니는 청력이 좋지 않기 때문에 전화를 사용할 수가 없습니다.

예문 7 **그 외의 사항**
*Others*

- My father stays in his room most of the time.
- He does not exercise at all.
- He avoids meeting friends.
- He barely meets people.
- My mother does not interact with her family.
- She is reluctant to communicate with her husband.
- She ceased social relationships with her friends last month.

- 저의 아버지는 대부분의 시간을 방에서 보냅니다.
- 아버지는 운동을 전혀 하지 않습니다.
- 아버지는 친구들을 만나는 것을 피합니다.
- 아버지는 가까스로 사람들을 만납니다.
- 저의 어머니는 가족과 상호관계를 하지 않습니다.
- 어머니는 남편과 대화하기를 꺼려합니다.
- 어머니는 지난달에 친구들과 관계를 끊었습니다.

**cane**
지팡이

## 단어 모음

### 2. 넘어짐

☑ abruptly [əbrʌ́ptli] 갑자기

☑ black out 의식을 잃다

☑ light-headedness [lɑithédidnis] 머리가 어찔어찔함 (현기증)

☑ object [ɑ́bdʒikt] 물체

☑ muffle [mʌ́fl] (소리를) 지우다, 소음하다

### 3. 두통

☑ fussy [fʌ́si] 야단스런

☑ measure [méʒər] 측정하다

☑ resolve [rizɑ́lv] (증상이) 가라앉다

☑ reappear [rìːəpíər] 다시 나타나다

☑ tightness [tɑ́itnis] 꽉 조임

☑ tension [ténʃən] 긴장

☑ migraine [mɑ́igrein] 편두통

☑ pinpoint [pínpɔint] ～의 위치를 정확히 나타내다

☑ argument [ɑ́ːrɡjumənt] 논쟁

☑ monotonous [mənɑ́tənəs] 단조로운

### 4. 입과 목에 관한 문제

☑ lesion [líːʒən] 병변 (병적작용에 의해 조직에 이상이 생기는 것)

☑ divide [divɑ́id] 분리하다

☑ denture [déntʃər] 의치, 틀니

### 5. 코에 관한 문제

☑ frequently [frí:kwəntli] 자주, 빈번하게

☑ discharge [distʃá:rdʒ] 분비물

☑ tilt [tilt] 기울이다, 비스듬하게 하다

☑ gush [gʌʃ] 분출하다

☑ nostril [nάstrəl] 콧구멍

### 6. 귀에 관한 문제

☑ similar [símələr] 유사한

☑ receptionist [risépʃənist] 접수계원

☑ incoming [ínkʌ̀miŋ] 들어오는

☑ mistake [mistèik] 실수

☑ important [impɔ́:rtənt] 중요한

☑ embarrassed [imbǽrəst] 쑥스러운, 당황스러운

### 7. 눈에 관한 문제

☑ climb [klaim] 오르다, 올라가다

☑ stair [stɛər] (계단의) 한 단

☑ artificial [à:rtəfíʃəl] 인공의

☑ halo [héilou] 물체 주위의 둥근 원

## 단어 모음

- ☑ glue [glu:] 접착제로 붙이다
- ☑ shut [ʃʌt] 닫다

### 8. 피부, 모발, 그리고 손톱, 발톱에 관한 문제

- ☑ birthmark [ˈbɜːrθmɑːrk] 모반
- ☑ tattoo [tætú:] 문신
- ☑ consume [kənsú:m] 먹다
- ☑ discoloration [diskʌləréiʃən] 변색
- ☑ ear lobe [íər lòub] 귓불
- ☑ rash [ræʃ] 발진
- ☑ awaken [əwéikən] 깨우다
- ☑ detergent [ditəːrdʒənt] 세탁용 세제
- ☑ seasonal [síːzənl] 계절에 한정된
- ☑ caustic [ˈkɔːstɪk] 부식성의
- ☑ substance [sʌbstəns] 물질
- ☑ protection [prətékʃən] 보호
- ☑ sleeve [sliːv] 옷소매
- ☑ exposure [ikspóuʒər] 노출
- ☑ outdoor [áutdɔːr] 집 밖의
- ☑ leisure [léʒər] 여가, 레저
- ☑ landscaper [lǽndskèipər] 정원사(조경사)
- ☑ consultation [kànsəltéiʃən] 상담

## 단어 모음

### 9. 소화기 계통에 관한 문제

☑ fast [fǽst] 단식하다

☑ bloat [blout] 부풀다

☑ pressure [préʃər] 압박

☑ softener [sɔ́:fənər] 부드럽게 하는 것

☑ vegetables [védʒətəblz] 채소류

☑ appendicitis [əpèndəsáitis] 충수염(맹장염)

☑ pancreatitis [pæ̀nkriətáitis] 췌장염

### 10. 호흡기 계통에 관한 문제

☑ persistent [pərsístənt] 영속하는, 계속적인

☑ streak [stri:k] 줄무늬

☑ bark [bɑ:rk] 요란하게 기침하다

☑ hoarse [hɔ:rs] 목이 쉰

☑ soak [souk] 흠뻑 젖다

☑ attack [ətǽk] 공격

### 11. 알레르기에 관한 문제

☑ cigarette [sìgərét] 담배

☑ cigar [sigɑ́:r] 시가 (굵게 말은 담배)

☑ emphysema [èmfəsí:mə] 기종 (폐조직에 공기가 차서 일으키는 병)

## 단어 모음

### 12. 심장에 관한 문제

- ☑ vacuum [vǽkjuəm] 진공 청소기로 청소하다
- ☑ floor [flɔːr] 방바닥
- ☑ crush [krʌʃ] 짜다
- ☑ relieve [rilíːv] 경감하다
- ☑ survive [sərváiv] 살아남다
- ☑ set aside 따로 떼어 두다
- ☑ strengthen [stréŋkθən] 강화하다

### 13. 말초혈관 계통에 관한 문제

- ☑ aggravate [ǽgrəvèit] 악화시키다
- ☑ dangle [dǽŋgl] 매달다
- ☑ bulge [bʌldʒ] 부풀다
- ☑ crooked [krúkid] 구부러진
- ☑ flush [flʌʃ] (피가) 상기하다, 달아오르다
- ☑ engineer [èndʒiníər] 기술자

### 14. 신경성 계통에 관한 문제

- ☑ seizure [síːʒər] 발작
- ☑ warn [wɔːrn] 경고하다
- ☑ daze [deiz] 멍하게 하다

## 15. 근육에 관한 문제

☑ rail [reil] 난간

☑ straighten [stréitn] 똑바르게 하다

## 16. 관절에 관한 문제

☑ finger [fíŋgər] 손가락

☑ weather [wéðər] 날씨

☑ examination [ɪgˌzæmɪˈneɪʃn] 진찰

## 17. 비뇨기 계통에 관한 문제

☑ bathroom [bǽθrùː)m] 화장실

☑ sneeze [sniːz] 재채기하다

☑ embarrassing [imbǽrəsiŋ] 당황케 하는

☑ incontinence [inkántənəns] 실금

☑ overactive [òuvərǽktiv] 활동이 지나친

☑ discrepancy [diskrépənsi] 차이, 불일치

☑ urgency [ə́ːrdʒənsi] 급박

☑ predisposition [prìːdispəzíʃən] 체질, 경향

☑ prostate [prásteit] 전립선

☑ tract [trækt] 관, 계

☑ infection [infékʃən] 감염

☑ radiation [rèidiéiʃən] (방사능) 발산

## 단어 모음

☑ multiple [mʌ́ltəpl] 복식의, 다수의

☑ brochure [brouʃúər] 작은 책자

☑ session [séʃən] 활동 시간


### 18. 감정에 관한 문제

☑ immediate [imíːdiət] 아주 가까운, 친밀한

☑ laid off (불황 시) 일시 해고된

☑ harass [hərǽs] 괴롭히다

☑ humiliate [hjuːmílièit] 굴욕감을 느끼게 하다

☑ incident [ínsədənt] 사건

☑ arrest [ərést] 체포하다

☑ emotional [imóuʃənl] 감정적인

☑ jobless [dʒàːbləs] 실직한

☑ assistant [əsístənt] 조수, 보조자

☑ grandchildren [grǽntʃildrən] 손주들

☑ exposure [ikspóuʒər] 노출

☑ volunteer [vὰləntíər] 자원 봉사를 하다

☑ comfortable [kʌ́mfərtəbl] 안락한, 편안한


### 19. 어린이의 건강

☑ spit [spit] 뱉다, 토하다

☑ development [divéləpmənt] 발달

## 단어 모음

☑ squint [skwint] 눈을 가늘게 뜨다

☑ hyperactive [hàipərǽktiv] 과하게 활동적인

☑ attention span 주의 집중 시간

☑ management [mǽnidʒmənt] 관리, 조정

☑ thrush [θrʌʃ] 아구창 (혀 점막의 백색 반점)

☑ canker sore 입과 입술에 궤양이 있어 쓰라림

☑ tonsillitis [tànsəláitis] 편도선염

☑ thumb-sucking 엄지 손가락을 빠는 것

☑ playground [pléigràund] 놀이터

☑ coordinate [kouɔ́:rdənèit] 조정하다

☑ spill [spil] 흘리다

☑ poisoning [pɔ́izəniŋ] 중독

☑ inhalation [ìnhəléiʃən] 흡입

☑ delay [diléi] 연기하다, 지연하다

☑ absorb [æbsɔ́:rb] 열중시키다

☑ interact with ~와 상호작용을 하다

☑ engage in 참여하다

☑ afterschool activities 방과 후 활동

☑ freshman [fréʃmən] 신입생

☑ genitalia [dʒènətéiliə] 생식기

☑ contraceptive [kàntrəséptiv] 피임약 [용구]

☑ illicit [ilísit] 불법의

## 단어 모음

- ☑ milestone [máilstòun] 이정표
- ☑ steer [stiər] 이끌다, 인도하다
- ☑ concentrate [kánsəntrèit] 집중하다
- ☑ painstaking [péinztèikiŋ] 힘이 드는
- ☑ pass away 죽다
- ☑ impact [ímpækt] 강한 충격을 주다
- ☑ influence [ínfluəns] 영향을 끼치다
- ☑ foster [fɔ́:stər] 돌보다, 양육하다
- ☑ peer pressure 동료 집단으로부터 받는 사회적 압력
- ☑ unique [juːníːk] 독특한

### 20. 여성의 건강

- ☑ bloat [blout] 부풀게 하다, 붓게 하다
- ☑ spot [spɑt] 얼룩지게 하다
- ☑ miscarriage [mìskǽridʒ] (자연) 유산
- ☑ wet [wet] 적시다

    * wet the bed 자면서 오줌 싸다

- ☑ release [rɪˈliːs] 방출하다
- ☑ vigorously [vígərəsli] 활발하게, 힘차게
- ☑ vaginal [vǽdʒənl] (여성) 질의
- ☑ douche [duːʃ] 질 세척
- ☑ toxemia [tɑksíːmiə] 임신 중독증 (박테리아 독성물질이 몸에 퍼져서 일으키는 증상)

## 단어 모음

- ☑ swelling [swéliŋ] 부종
- ☑ premature [prìːmətjúər] 조산의
- ☑ breastfeed [bréstfìd] 모유를 먹이다
- ☑ parents-in-law 시부모
- ☑ compare [kəmpéər] 비교하다
- ☑ kick [kik] 차다
- ☑ inverted [invə́ːrtid] 역의, 반대의
- ☑ sufficient [səfíʃənt] 충분한
- ☑ lumpectomy [lʌmpéktəmi] 부분 유방절제술
- ☑ demonstrate [démənstrèit] 설명하다
- ☑ flatten [flǽtn] 평평하게 하다
- ☑ concentric circles 동심원
- ☑ clockwise [klɑ́kwàiz] 시계 방향으로 도는
- ☑ lump [lʌmp] 덩어리
- ☑ biopsy [bɑ́iɑpsi] 조직검사

### 21. 남성의 건강

- ☑ drip [drip] 똑똑 떨어지다
- ☑ forceful [ˈfɔːrsfl] 힘찬, 강력한
- ☑ discharge [distʃɑ́ːrdʒ] 분비물
- ☑ complaint [kəmpléint] 불평, 불만
- ☑ transmit [trænsmít] 전염시키다

## 단어 모음

☑ gonorrhea [gὰnərí:ə] 임질

☑ heaviness [hévinis] 무거움, 무기력

☑ instruction [instrʌ́kʃən] 가르침, 명령, 지시

### 22. 노인의 건강

☑ widow [wídou] 미망인, 과부

☑ widower [wídouər] 홀아비

☑ aide [eid] 조수, 돕는 사람

☑ domestic [dəméstik] 가정의, 가사의

☑ nursing home 양로원

☑ assisted-living facility 기관에서 살면서 일상생활에
도움 받는 곳

### 23. 술로 인한 문제

☑ lay off (술)을 끊다

☑ psychotherapy [sὰikouθérəpi] 정신요법

☑ abstain from 삼가다, 그만두다

### 24. 흡연, 음주, 그리고 약물 사용에 관한 사항

☑ illegal [ilí:gəl] 불법의

☑ underground [ʌ́ndərgrὰund] 지하의, 비밀의

☑ induce [indjú:s] 설득하다

## 단어 모음

- ☑ combine [kəmbáin] 결합하다, 겸하다
- ☑ ordinary [ɔ́ːrdənèri] 보통의, 평범한

### 25. 가정폭력

- ☑ abuse [əbjúːz] 학대, 학대하다
- ☑ argue [áːrgjuː] 논쟁하다, 입씨름하다
- ☑ be afraid of ~을 두려워하다
- ☑ response [rispɑ́ns] 반응
- ☑ throw [θrou] 던지다
- ☑ strike [straik] 타격을 주다, 치다
- ☑ temper [témpər] 기질, 성질
- ☑ threaten [θrétn] 위협하다, 협박하다

### 26. 불구로 인한 자기치유 문제

- ☑ deformity [difɔ́ːrməti] 불구, 결함
- ☑ swallow [swɑ́lou] 삼키다
- ☑ groom [gruːm] 몸단장을 하다
- ☑ brush [brʌʃ] 솔질하다
- ☑ undergarment [ʌ́ndərgàːrmənt] 속옷
- ☑ faucet [ˈfɔːsɪt] 수도꼭지
- ☑ temperature [témpərətʃər] 온도
- ☑ whisper [hwíspər] 속삭이다

# 부록

# I 임상 전문분야 & 전문의 *(Clinical Specialty & Specialist)*

| 임상 전문분야<br>Clinical Specialty | 전문의<br>Specialist | 분 야<br>Field |
|---|---|---|
| 가정의학<br>Family Medicine | 가정주치의 / 수련의<br>Family Physician | 모든 환자<br>all patients |
| 내과<br>Internal Medicine | 내과 전문의사<br>Internist | 어른<br>adult |
| 이비인후과<br>Otorhinolaryngology | 이비인후과 전문의사<br>ENT Specialist | 귀, 코, 눈<br>ear, nose, and throat |
| 안과학<br>Ophthalmology | 안과 전문의사<br>Ophthalmologist | 눈<br>eye |
| 시력측정법<br>Optometry | 검안의사<br>Optometrist | 눈검사와 안경, 콘택트렌즈 처방<br>eye examination and prescription |
| 외과<br>General Surgery | 외과 전문의사<br>General Surgeon | 어른<br>adult |
| 재활의학 그리고 스포츠의학<br>Rehabilitation and Sport Medicine | 정형외과 전문의사<br>Orthopedist / Orthopedic Surgeon | 근 골격 계통과 척추<br>musculoskeletal systems including the spine |
| 피부과학<br>Dermatology | 피부과 전문의사<br>Dermatologist | 피부<br>skin |
| 종양학<br>Oncology | 종양학 전문의사<br>Oncologist<br>종양외과 전문의사<br>Surgical Oncologist | 암<br>cancer |

| 임상 전문분야<br>Clinical Specialty | 전문의<br>Specialist | 분 야<br>Field |
|---|---|---|
| 심장학<br>Cardiology | 심장 전문의사<br>Cardiologist<br>심장외과 전문의사<br>Cardiovascular<br>Surgeon | 심장과 큰 혈관<br>heart and large<br>blood vessels |
| 흉부학과<br>Pulmonary<br>Medicine | 흉부외과 전문의사<br>Thoracic Surgeon /<br>Pulmonologist | 폐<br>lung |
| 위장학<br>Gastroenterology | 위장내과 전문의사<br>Gastroenterologist | 위와 장 계통<br>gastrointestinal<br>systems |
| 류머티스학<br>Rheumatology | 류머티스 전문의사<br>Rheumatologist | 관절과 면역 계통<br>joint and immune<br>systems |
| 혈관학<br>Hematology | 혈관 전문의사<br>Hematologist | 혈관과 임파<br>blood and lymph |
| 내분비과학<br>Endocrinology | 내분비학과 전문의사<br>Endocrinologist | 내분비-부신, 뇌하수체,<br>갑상선<br>endocrine gland-<br>adrenal, pituitary,<br>thyroid |
| 비뇨기과학<br>Urology | 비뇨기과 전문의사<br>Urologist | 비뇨기 계통과 남성 생<br>식기<br>urinary and male<br>reproductive<br>systems |
| 산과학<br>Obstetric | 산과 전문의사<br>Obstetrician | 임신, 출산, 불임<br>pregnancy,<br>childbirth, infertility |
| 부인과학<br>Gynecology | 부인과 전문의사<br>Gynecologist | 여성 생식기 계통<br>female reproductive<br>systems |

| 임상 전문분야<br>Clinical Specialty | 전문의<br>Specialist | 분 야<br>Field |
|---|---|---|
| 소아과학<br>Pediatric | 소아과 전문의사<br>Pediatrician | 유아와 어린이<br>infant and children |
| 심리학<br>Psychology | 심리학자<br>Psychologist | 정신과 감정 문제<br>mental and emotional problems |
| 신경과학<br>Neurology | 신경과 전문의사<br>Neurologist<br>신경외과 전문의사<br>Neurosurgeon | 신경 계통<br>the nervous systems |
| 정신병학<br>Psychiatry | 정신과 전문의사<br>Psychiatrist | 정신 문제<br>psychiatric problems |
| 방사선과학<br>Radiology | 방사선과 전문의사<br>Radiologist | 신체를 엑스레이, 소리파장, 자기를 이용해서 검사하고 진단<br>body, using X-ray, sound waves and magnatic fields |
| 병리학<br>Pathology | 병리학 전문의사<br>Pathologist | 신체의 병리학적 검사<br>body, using samples of body tissues and fluids |
| 마취학<br>Anesthesiology | 마취과 전문의사<br>Anesthesiologist | 마취<br>anesthesia |
| 발의학<br>Podiatry | 발 전문의사<br>Podiatrist | 발<br>foot |
| 노인병학<br>Geriatrics | 노인학 전문의사<br>Geriatrician | 노인<br>elderly people |
| 노인학<br>Gerontology | 노인학자<br>Gerontologist | 노인<br>elderly people |
| 통증학<br>Pain Management | 통증 전문의<br>Pain Management Physician | 통증 계통<br>pain systems |

## Ⅱ 병명(*Name of Disease*)

우리는 정상인 상태를 표현할 때 영어로 normal이라고 하며, 반대로 정상이 아닌 상태를 표현할 때는 abnormal이라는 형용사를 사용합니다. 신체의 상태나 검사 결과를 표현할 때 이 두 표현을 자주 사용합니다.

예를 들어 '그것이 정상인가요?'하고 묻는다면 영어로는 Is it normal? 이라고 하며, 반대로 '비정상입니다.'라고 답한다면 It's abnormal.이라고 말합니다. 이렇게 인체가 abnormal인 상태를 병에 걸렸다고 하지요. 병에 걸리면 의사는 진단(Diagnosis)을 내리게 됩니다. 그렇다면 각종 병명을 영어로는 어떻게 부르는지 알아보겠습니다.

### 1 귀, 코, 눈, 그리고 호흡기

- ☑ Allergy[ǽlədʒi] 알레르기
- ☑ Asthma[ǽzmə] 천식
- ☑ Bacterial Infection[bæktí(:)riəl infékʃən] 박테리아 감염
- ☑ Bronchitis[braŋkáitis] 기관지염
- ☑ Cataract[kǽtərækt] 백내장
- ☑ Conjunctivitis[kəndʒʌ̀ŋ(k)tiváitis] 결막염
- ☑ COPD(Chronic Obstructive Pulmonary Disease) 만성 폐쇄성 폐질환. 만성 기관지염, 폐기종이나 만성 천식이 있을 경우 특히 걸리기 쉽다.
- ☑ Gingivitis[dʒindʒiváitis] 치은염
- ☑ Glaucoma[glɔ:kóumə] 녹내장
- ☑ Hay Fever[hei fí:vər] 호흡기 알레르기
- ☑ Influenza[influénzə] 유행성 감기
- ☑ Labyrinthitis[læbərinθáitis] 미로(내이)염
- ☑ Laryngitis[læ̀rindʒáitis] 후두염
- ☑ Otitis media[outáitis mí:diə] 중이염
- ☑ Periodontitis[pèrioudontáitis] 치근막염

☑ Pharyngitis[fæ̀rindʒáitis] 인두염

☑ Pneumonia[nju:móunjə] 폐렴

☑ Pulmonary Embolism[pʌ́lməneri émbəliz(ə)m] 폐혈전증

☑ Pulmonary Tuberculosis[pʌ́lməneri t(j)u(:)bəkjulósis] 폐결핵

☑ Retina Detachment[rétinə ditǽtʃmənt] 망막 박리

☑ Rhinitis[rainάitis] 비염

☑ Sinusitis[sàinəsάitis] 부비강염

☑ Tonsillitis[tὰnsilάitis] 편도선염

☑ Viral Infection[vάirəl infékʃən] 바이러스 감염

## 2 순환기와 혈관

☑ Anemia[əní:miə] 빈혈

☑ Angina Pectoris[ændʒάinə péktəris] 앤자이너 팩터리스는 심장에 산소 공급이 잘 되지 않아 오는 가슴 통증.

☑ Arrhythmia[əríðmiə] 부정맥

☑ Bleeding Disorders[blí:diŋ disɔːrdəs] 출혈 장애

☑ Cardiac Arrest[kάːrdiæk ərést] 심장 정지

☑ Coronary Artery Disease[kɔ́:rənèri άːrtəri dizí:z] 관상 동맥 질환

☑ Heart attack[hɑːrt ətǽk] 심장 마비

☑ Hemophilia[hi:məfíliə] 혈우병

☑ Hypertension[hὰipə(:)rténʃən] 고혈압

☑ Hypotension[hὰipo(u)ténʃ(ə)n] 저혈압

☑ Leukemia[lu:kí:miə] 백혈병

☑ Lymphoma[limfóumə] 임파종

☑ Multiple Myeloma[mʌ́ltipl mɑiəlóumə] 다발성 골수종

☑ Myocardial infarction[mὰio(u)kάːrdiəl infάːrkʃ(ə)n] 심근 경색. 관상 동맥의 폐쇄에 의해 심장 근육에 산소 공급이 잘 되지 않아서 고통이 있고 쇼크와 심장 마비가 올 수 있다.

☑ Myocarditis[mὰio(u)kɑːrdάitis] 심근염. 심장 근육에 생긴 염증.

☑ Pericarditis[pèrikɑ rdάitis] 심막염 또는 심낭염. 심장을 감싸고 있는 주머니에 생긴 염증.

### 3 소화기

- ☑ Abdominal Hernia[æbdάmin(ə)l hə́ːrniə] 복부 탈장
- ☑ Appendicitis[əpèndisάitis] 충수염
- ☑ Cholecystitis[kὰlisistάitis] 담낭염
- ☑ Cholelithiasis[kὰlili iάsis] 담석증. 담석을 gall-stone이라고 한다.
- ☑ Colitis[ko(u)lάitis] 대장염
- ☑ Diverticulitis[dὰivərtìkjulάitis] 게실염. 대장 주위에 작은 주머니를 형성하여 통증을 일으킨다.
- ☑ Food poison[fuːd pɔ́izn] 식중독
- ☑ Gastritis[gæstrάitis] 위염
- ☑ GERD(gastroesophageal reflux disease) GERD는 위산이 식도와 목으로 역류되어 가슴 통증을 일으킨다.
- ☑ Hemorrhoids[hémərɔ̀ids] 치질
- ☑ Hepatitis[hèpətάitis] 간염
- ☑ Irritable Bowel Syndrome[íritəbl bάuəl síndroum] 과민성 장 증후군. 설사와 변비를 동반하고 가스가 차며 배를 아프게 한다.
- ☑ Liver Cirrhosis[lívər siróusis] 간경화
- ☑ Pancreatitis[pæ̀nkriətάitis] 췌장염
- ☑ Stomach Flu[stʌ́mək flu] 스터막 플루. 소화기에 바이러스 감염으로 인해 구토, 설사, 위통을 동반한다.
- ☑ Stomach Ulcer[stʌ́mək ʌ́lsər] 위궤양

### 4 남성과 여성

- ☑ Breast cancer[brest kǽnsər] 유방암
- ☑ Endometriosis[èndo(u)mətrióusis] 자궁내막 증식증
- ☑ Prostate cancer[prάsteit kænsər] 전립선암
- ☑ Uterine cancer[júːtərin kænsər] 자궁암
- ☑ Vaginitis[væ̀dʒinάitis] 질염

## 5 소아

☑ Chichen pox[tʃikin pɑks] 수두

☑ Down's syndrome[dauns síndroum] 다운 증후군은 선천성 질환으로 정신적 저능 상태의 증후군

☑ DPT(Diphtheria, Pertussis, Tetanus) 디프테리아, 백일해, 파상풍

☑ MMR(Measles, Mumps, Rubella) 홍역, 유행성 이하선염, 풍진

☑ Polio[póuliòu] 소아마비

## 6 비뇨기

☑ Acute Renal Failure[əkjúːt rén(ə)l féiljər] 급성 신부전증

☑ Bladder Injury[blǽdər índʒəri] 방광 손상

☑ Cystitis[sistáitis] 방광염

☑ Glomerulonephritis[gləmèrjulounifráitis] 사구체 신염. 신장 내 모세혈관 집합체인 사구체에 생긴 질환

☑ Nephrolithiasis[nèfrəliθiásis] 신장 결석증, 신석(Kidney stone)

☑ Nephrosclerosis[nèfrouskliróusis] 신경화증. 고혈압증에서 일어나는 신장의 경화성 변화에 의한 증상

☑ Urinary Incontinence[jú(ː)rinèri inkántinəns] 요실금

☑ Urolithiasis[jùrəliθiásis] 요석증. 요도 주위에 있는 돌(stone)에 의한 증상

## 7 피부

☑ Acne[ǽkni] 여드름

☑ Athlete's Foot[ǽθliːt fut] 무좀

☑ Boils[bɔils] 부스럼

☑ Burn[bəːrn] 화상

☑ Dermatitis[dəːrmətáitis] 피부염

☑ Eczema[éksimə] 습진

☑ Fungal Infection[fʌ́ŋg(ə)l infékʃən] 곰팡이류에 의한 감염

☑ Impetigo[impitáigou] 농가진. 박테리아 감염에 의한 피부 질환, 특히 어린 아이들이 감기에 앓고 난 후 코와 입술 사이에 노란 딱지와 물집 같은 것이 생기는 것.

☑ Psoriasis[səráiəsis] 건선, 건성 피부염

☑ Scabies[skéibi:z] 옴. 진드기에 의한 피부질환

☑ Shingles[ʃíŋglz] 대상 포진. 다른 말로 Herpes zoster. 작은 수포가 많이 모여 피부 표면에 나타나는 염증성 질환

☑ Skin Cancer[skin kænsər] 피부암

## 8 정신/감정

☑ Alcoholism[ǽlkəhɔ̀:liz(ə)m] 술 중독증

☑ Anorexia nervosa[æ̀no(u)réksiə nərvɔsə] 신경성 식욕 부진증

☑ Bulimia nervosa[bju:límiə:nərvɔsə] 신경성 폭식증. 식사 후 억지로 토하거나 관장을 남용한다.

☑ Depression[dipréʃ(ə)n] 우울증

☑ Hyperchondriasis[hàipərkondráisis] 건강 염려증

☑ Mania[méiniə] 조증. 기분이 상승되어 공격적인 행동을 보이는 정신 질환

☑ Manic-depressive psychosis[ménic-diprésiv saikóusis] 조울증. 우울증과 광적인 성격이 병행되는 정신 질환

☑ Neurosis[n(j)u(:)róusis] 신경증

☑ Schizophrenia[skizo(u)frí:niə] 조현병

## 9 신경

☑ Alzheimer's Disease[á:ltshàimərz dizí:z] 노인성 치매

☑ Brain Tumor[brein t(j)ú:mər] 뇌종양

☑ Dementia[diménʃ(i)ə] 치매

☑ Meningitis[mènindʒáitis] 뇌막염

☑ Migraine Headache[mǽigrein hédeik] 편두통

☑ Migraine Tension[mǽigrein ténʃ(ə)n] 긴장성 편두통

☑ Multiple Sclerosis[mʌ́ltipl skliróusis] 다발성 경화증. 중추신경에 발생하는 만성 질환

☑ Neurasthenia[n(j)u(:)rəsθíːniə] 신경 쇠약증

☑ Neuritis[n(j)uráitis] 신경염

☑ Neuropathy[n(j)u(:)rápəθi] 신경성 질환

☑ Parkinson's Disease[pá(:)rkins(ə)nz dizíːz] 파킨슨병. 만성 신경성 질환으로 근육 무력증와 손과 발의 떨림, 얼굴의 무표정, 느린 말투 등을 특징으로 한다.

## 10 뼈와 관절

☑ Arthritis[aːrθáitis] 관절염

☑ Bursitis[bəːrsáitis] 활액낭염. 다른 근육과 뼈 사이를 부드럽게 하기 위해 있는 작은 주머니에 생긴 염증으로 무리하게 관절을 사용할 경우 아프고, 붉게 되며, 열이 난다.

☑ Carpal Tunnel Syndrome[ká:rp(ə)l tʌ́n(ə)l síndroum] 카펄 터널 신드롬은 반복해서 손과 손목을 사용할 때 신경이 눌려서 통증을 일으 킨다.

☑ Gout[gaut] 통풍. 푸린 대사의 유전성 이상에 의해 혈액 중에 요산이 증가하여 관절 연골에 요산염에 의해 통증과 함께 결절이 생긴다.

☑ Osteoarthritis[àstiouarθráitis] 골관절염

☑ Osteoporosis[àstioupəróusis] 골다공증

☑ Rheumatoid Arthritis[rúːmətɔ̀id aːrθráitis] 류마티스성 관절염

☑ Tendinitis[tèndənáitis] 건염. 무리하게 사용하거나 손상을 입었을 때 생긴다.

## 11 내분비

☑ Diabetes Mellitus[dàiəbíːtis məláitəs] 당뇨병

☑ Hypercalcemia[hàipərkælsémiə] 혈중 고 칼슘증

☑ Hyperthyroidism[hàipərθáirɔidizəm] 갑상선 기능 항진증. 안절부절하고, 체중 저하가 있고, 더위에 약하고, 땀을 많이 흘리며, 심장박동이 빠르게 뛰는 등의 증세가 있다.

☑ Hypocalcemia[hàipo(u)kælsémiə] 혈중 저 칼슘증

☑ Hypopituitarism[hàipo(u)pitúːitərizm] 뇌하수체 기능 저하증

☑ Hypothyroidism[hàipo(u)θáirɔidiz(ə)m] 갑상선 기능 저하. 피부가 건조하고 근 무력증과 맥박 저하 등의 증세가 있다.

골다공증은 낮은 골량과 골조직 미세 구조의 장애로 인해 골절에 대한 감수성이 증가되어 뼈가 약해지면서 작은 충격에도 쉽게 골절이 되는 전신 골격 질환을 말합니다. 골다공증은 갱년기 여성에게서 자주 나타나는 여성의 건강을 위협하는 대표적인 질환이며, 이를 예방하기 위해서는 평소에 칼슘과 비타민 D가 충분한 균형 있는 음식을 섭취해야 하며 금연과 알코올 절제가 필요합니다. 옆의 그림은 골다공증을 정확하게 진단할 수 있는 골다공증 검사기입니다.

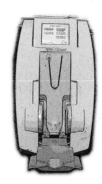

골다공증 검사기

## Ⅲ 의학 약어*(Medical abbreviations)*

### A

| | | |
|---|---|---|
| Abd | abdomen | 복부 |
| ABG | arterial blood gas | 동맥 혈액 가스 |
| ABR | absolute bed rest | 절대 안정 |
| ABX | antibiotics | 항생제 |
| AC | ante cibum(before meals) | 식사 전 (복용) |
| ACD | allergic contact dermatitis | 알레르기접촉 피부염 |
| Aceta | Acetaminophen | 아세트아미노펜 |
| ADHD | attention deficit hyperactivity disorder | 주의력 결핍 및 과잉 행동 장애 |
| ADL | activities of daily living | 일상생활능력 |
| ADM | admission, admitted | 입원 |
| AF | acid-fast | 항산성의 |
| Ag | antigen | 항원 |
| AIDS | acquired immune deficiency syndrome | 후천성 면역 결핍증(에이즈) |
| AL | left ear | 좌이, 왼쪽 귀 |
| ALS | amyotrophic lateral sclerosis (Lou Gehrig's disease) | 근위축성 측색 경화증 (루게릭 병) |
| AMA | against medical advice | 의학적 권고의 반대 |
| AMI | acute myocardial infarction | 급성 심근경색증 |
| AOB | alcohol on breath | 호흡 시 알코올 |
| ARDS | adult respiratory distress syndrome | 급성 호흡 곤란 증후군 |
| ARF | acute renal failure | 급성 신부전 |

| | | |
|---|---|---|
| ASAP | as soon as possible | 가능한 한 빨리 |
| AU | both ears | 양이, 양쪽 귀 |
| AXR | abdominal x-ray | 복부 X선 촬영 |

## B

| | | |
|---|---|---|
| BAC | blood alcohol content | 혈중 알코올 농도 |
| BAD | bipolar affective disorder | 양극성 정동장애 |
| BC | birth control | 산아 제한 |
| BDM | bone densitometry | 골밀도 검사 |
| BE | barium enema | 바륨 관장 |
| bid | twice a day | 하루 두 번 |
| BM | bowel movement | 변, 배변 |
| BMD | bone mass density | 골밀도 |
| BMI | body mass index | 체질량지수, 신체 용적 지수 |
| BMR | basal metabolic rate | 기초대사율 |
| BMT | bone marrow transplant | 골수 이식 |
| BP | blood pressure | 혈압 |
| BRCA | breast cancer gene | 유방암 유전자 |
| BRP | bathroom privileges | 입욕 가능 |
| BST | blood sugar test | 혈당 검사 |
| Bx | biopsy | (생체) 조직검사 |

## C

| | | |
|---|---|---|
| CA | cancer | 암 |
| CAB | carotid artery bruit | 경동맥잡음 |

| CABG | coronary artery bypass graft | 관상동맥 우회로 이식 |
|------|------------------------------|---------------------|
| CAD | coronary artery disease | 관상동맥 질환 |
| CAP | capsule | 정제, 캡슐 |
| CAT | computerized axial tomography | 컴퓨터 단층 촬영 |
| CBC | complete blood count | 전체 혈구계산 |
| CBD | common bile duct | 총담관 |
| CBF | cerebral blood flow | 대뇌 혈류 |
| CC | chief complaint, critical care | 주요 호소 증상 |
| CF | cystic fibrosis | 낭포성 섬유증 |
| CFT | complement fixation testing | 보체결합 검사 |
| CNS | central nervous system | 중추 신경계 |
| C/O | complains of, care of | 불평, 호소 |
| CO2 | carbon dioxide | 이산화 탄소 |
| CPR | cardiopulmonary resuscitation | 심폐 기능 소생법 |
| CXR | chest x-ray | 흉부 X선 촬영 |
| CHD | congenital heart disease | 선천성 심장질환 |
| COLD | chronic obstructive lung disease | 만성 폐쇄성 폐 질환 |
| CP | chest pain | 흉통, 가슴 통증 |
| C/S | cesarean section | 제왕절개술 |
| CV | cardiovascular | 심혈관의 |
| CVA | cerebral vascular accident (stroke) | 심혈관 발작, 뇌졸중 |

## D

| | | |
|---|---|---|
| D/C | discharge | 퇴원 |
| DNR | do not resuscitate | 심폐소생술 거부 |
| DOA | dead on arrival | 도착시사망 |
| DOB | date of birth | 생년월일 |
| DOT | directly observed therapy | 직접 복약 확인치료법 |
| DTR | deep tendon reflex | 심건 반사, 깊은 힘줄 반사 |
| DVT | deep venous thrombosis | 심부정맥 혈전증 |
| Dx | diagnosis | 진단 |

## E

| | | |
|---|---|---|
| EBL | estimated blood loss | 추정 혈액 손실 |
| ECC | emergency cardiac care | 응급 심장 진료 |
| ECG | electrocardiogram | 심전도 |
| ECMO | extracorporeal membrane oxygenation | 체외막 산소 투여 |
| ECV | external cephalic version | 외두부 회전 |
| EDC | estimated date of confinement | 분만 예정일 |
| EDD | estimated delivery date | 분만 예정일 |
| EGC | early gastric cancer | 조기위암 |
| ER | emergency room | 응급실 |

## F

| | | |
|---|---|---|
| FAS | fetal alcohol syndrome | 태아기 알코올 증후군 |
| FB | foreign body | 이물질 |

| F/C | fever, chills | 열, 오한 |
|---|---|---|
| FHR | fetal heart rate | 태아 심장 박동수 |
| FL | femur length | 대퇴부 길이 |
| FM | fetal movement | 태동, 태아운동 |
| FOBT | fecal occult blood testing | 혈변 검사, 대변 잠혈 반응 검사 |
| FRC | functional residual capacity | 폐의 기능적 잔기 용량 |
| FSH | follicle stimulating hormone | 난포 자극 호르몬 |
| FX | fracture | 골절 |

G

| GA | gestational age | 임신기간, 잉태연령 |
|---|---|---|
| GFR | general fertility rate | 일반 수정률 |
| GH | growth hormone | 성장 호르몬 |
| GHRF | growth hormone releasing factor | 성장 호르몬 방출 인자 |
| GI | gastrointestinal | 위장의, 소화기 계통의 |
| GSW | gunshot wound | 탄상 |
| GTT | glucose tolerance test | 포도당 부하시험 |
| GU | genitourinary | 비뇨기과 |

H

| HA | headache | 두통 |
|---|---|---|
| HA | hemolytic anemia | 용혈성 빈혈 |
| H&P | history and physical examination | 의료기록 및 신체검사 |
| HAV | hepatitis A virus | A형 간염바이러스 |

| | | |
|---|---|---|
| Hb | hemoglobin | 헤모글로빈, 혈색소 |
| HBV | hepatitis B virus | B형 간염바이러스 |
| HC | head circumference | 머리둘레 |
| HCV | hepatitis C virus | C형 간염바이러스 |
| HDL | high density lipoprotein | 고밀도 리포단백질 |
| HDV | hepatitis D virus | D형 간염바이러스 |
| HIV | human immunodeficiency virus | 인체 면역 결핍 바이러스 (AIDS virus) |
| H/O | history of | 병력의 |
| HPI | history of present illness | 현재 병력 |
| HR | heart rate | 심박수 |
| HRT | hormone replacement therapy | 호르몬 대치 요법 |
| HS | hour of sleep (bedtime) | 수면시간 |
| HTN | hypertension | 고혈압 |

I

| | | |
|---|---|---|
| I&D | incision and drainage | 절개 및 배농 |
| I&O | intake and output | 흡입 및 배출 |
| IBD | inflammatory bowel disease | 염증 장 질환 |
| IBW | ideal body weight | 이상적인 체중 |
| ICP | intracranial pressure | 머리속 압력, 두개 내압 |
| ICU | intensive care unit | 중환자실 |
| ID | infectious diseases | 전염병 |
| IDDM | insulin dependent diabetes mellitus | 인슐린 의존성 당뇨병 |
| IM | intramuscular | 근육 내의 |

| In vitro | in the laboratory | 체외[시험관]에서 진행되는 |
|---|---|---|
| In vivo | in the body | 체내에서 진행되는 |
| IP | inpatient | 입원 환자 |
| IPF | idiopathic pulmonary fibrosis | 특발성 폐섬유증 |
| IQ | intelligence quotient | 지능지수 |
| IU | international units | 국제 단위 |
| IUI | intrauterine insemination | 자궁내 수정 |
| IUP | intrauterine pregnancy | 자궁내 임신 |
| IV | intravenous | 정맥 주사 |
| IVF | in vitro fertilization | 시험관내 수정 |

### J

| JRA | juvenile rheumatoid arthritis | 연소성 류마티스성 관절염 |
|---|---|---|
| JT | joint | 관절 |
| JVD | jugular venous distension | 경정맥 확장 |

### K

| KS | Kaposi sarcoma | 카포시 육종(병리) |
|---|---|---|
| KT | kidney transplant | 신장 이식 |
| KUB | kidney, ureter, bladder | 신장, 요관, 방광 |

### L

| LBP | lower back pain | 요통 |
|---|---|---|
| LBW | low birth weight | 저체중 출생 |
| LFT | liver function tests | 간기능 검사 |

| | | |
|---|---|---|
| **LIH** | left inguinal hernia | 좌 서혜부 탈장 |
| **LLL** | left lower lobe(lung) | 좌측 하협(폐) |
| **LLQ** | left lower quadrant | 좌측 하복부 사분엽 |
| **LOF** | loss of fluid | 체액 상실 |
| **LUL** | left upper lobe(lung) | 좌측 상엽(폐) |
| **LUQ** | left upper quadrant | 좌측 상복부 사분엽 |
| **LV** | lateral ventricle | 측 내실(뇌) |

## M

| | | |
|---|---|---|
| **MD** | muscular dystrophy | 근육위축병, 근이영양증 |
| **MDD** | maximum daily dose | 하루 최대 사용량 |
| **M/H** | medical history | 병력 |
| **MI** | myocardial infarction | 심근경색 |
| **MR** | mental retardation | 정신지체 |
| **MRI** | magnetic resonance imaging | 자기공명영상 (단층 촬영법) |
| **MS** | multiple sclerosis | 다발성 경화증 |
| **MVA** | motor vehicle accident | 자동차 사고 |

## N

| | | |
|---|---|---|
| **NAD** | no acute distress | 급성 고통이 없는 |
| **Nat/O** | birth | 출생 |
| **NIDDM** | non-insulin dependent diabetes mellitus | 인슐린 비의존형 당뇨병 |
| **NKDA** | no known drug allergies | 약물 알레르기 불명 |
| **NM** | neuromuscular | 신경과 근육의, 신경근의 |

| NPO | nothing by mouth | 절식, 금식 |
|---|---|---|
| NTG | nitroglycerin | 니트로글리세린 |
| N/V | nausea vomiting | 오심 및 구토 |
| NVD | normal vaginal delivery | 정상 질 분만 |

## O

| OCD | obsessive compulsive disorder | 강박 장애 |
|---|---|---|
| OCP | oral contraceptive pill | 경구 피임약 |
| OD | right eye | 우 안, 오른쪽 눈 |
| OGTT | oral glucose tolerance test | 경구 포도당 부하시험 |
| ON | optic neuritis | 시신경 염증 |
| OPD | outpatient department | 외래 진료부 |
| OPV | oral polio vaccine | 경구 소아마비 백신 |
| OS | left eye | 좌 안, 왼쪽 눈 |
| OSA | obstructive sleep apnea | 폐쇄수면 무 호흡 |
| OTC | over the counter | 처방전 없이 살 수 있는 |
| O2 | oxygen | 산소 |
| OU | both eyes | 양 안, 양쪽 눈 |

## P

| P | pulse | 맥박 |
|---|---|---|
| PA or PT | patient | 환자 |
| PAP | pulmonary artery pressure | 폐동맥 압 |
| PC | after meals | 식후 |
| PCN | penicillin | 페니실린 |

| | | | |
|---|---|---|---|
| **PCP** | primary care physician | 1차 진료 의사 | |
| **PD** | Parkinson's disease | 파킨슨병 | |
| **PE** | pulmonary embolism | 폐색전증 | |
| **PEEP** | positive end expiratory pressure | 호기 종말 양압, 날숨끝 양압 | |
| **PID** | pelvic inflammatory disease | 골반내 염증성 질환 | |
| **PIH** | pregnancy induced hypertension | 임신성 고혈압 | |
| **PKD** | polycystic kidney disease | 다낭성 신장 질환 | |
| **PMS** | premenstrual syndrome | 월경 전 증후군 | |
| **PNS** | peripheral nervous system | 말초 신경계 | |
| **PNV** | prenatal vitamins | 태아기의 비타민 | |
| **PO** | per os (by mouth) | 경구, 입으로 | |
| **PPE** | personal protection equipment | 개인 보호 장비 | |
| **Post-op** | postoperative (after surgery) | 수술 후 | |
| **Pre-op** | preoperative (before surgery) | 수술 전 | |
| **PRN** | as needed | 필요에 따라 | |
| **PT** | physical therapy | 물리 치료 | |
| **PTSD** | post-traumatic stress disorder | 외상 후 스트레스 장애 | |

## Q

| | | | |
|---|---|---|---|
| **qAM** | every morning | 매일 오전 | |
| **qd** | once a day, daily | 매일 한 번 | |
| **qh** | once every hour | 매시간 한 번 | |

| qhs | at bedtime | 취침시 |
| qid | four times a day | 매일 4번 |
| qod | every other day | 격일로 |
| qPM | every evening | 매일 밤 |
| q2h | every 2 hours | 매 2시간 마다 |

## R

| RA | rheumatoid arthritis | 류마티스성 관절염 |
| RAD | reactive airway disease | 반응성 기도 질환 |
| RBC | red blood cell | 적혈구 |
| RDI | recommended daily intake | 일일 권장량 |
| RDS | respiratory distress syndrome | 호흡 장애 증후군 |
| REM | rapid eye movements | 급속 안구 운동 |
| RF | risk factor | 위험 인자 |
| RHD | rheumatic heart disease | 류마티스성 심장질환 |
| RUL | right upper lobe(lung) | 우폐상엽 |
| RUQ | right upper quadrant | 우상복부 |
| RV | right ventricle | 우심실 |
| RV | residual volume | 잔기량 |
| Rx | prescription, treatment | 처방전, 해결책 |
| RXN | reaction | 반응 |

## S

| S | without | ··· 을 제외하고, ··· 없이 |
| SAB | spontaneous abortion | 자연유산 |

| | | |
|---|---|---|
| SAD | season affective disorder | 계절성 정서 장애 |
| SBO | small bowel obstruction | 소장폐쇄 |
| SBS | shaken baby syndrome | 뇌 또는 눈의 내출혈 |
| SC/SQ | subcutaneous | 피하의 |
| SOB | shortness of breath | 숨가쁨, 숨이 차는 증상 |
| S/S | signs and symptoms | 징후 및 증상 |
| Stat | immediately | 즉시 |
| STD | sexually transmitted disease | 성병 |
| SX | symptoms | 증상 |

### T

| | | |
|---|---|---|
| T | temperature | 체온 |
| TAB | tablet | 정제 |
| TAH | total abdominal hysterectomy | 자궁절제술 |
| T&C | type and cross (blood) | 혈액형과 교차 |
| TB | tuberculosis | 폐결핵 |
| TBI | traumatic brain injury | 외상성 뇌손상 |
| TGA | transient global amnesia | 일시적 전 기억상실증 |
| TIA | transient ischemic attack | 일과성 허혈성 발작 |
| tid | three times a day (Latin) | 하루 세 번 |
| TIW | three times a week | 일주일에 세 번 |
| TLC | total lung capacity | 총 폐활량 |
| TPA | tissue plasminogen activator | 조직 플라스미노겐 활성제 |
| TPR | temperature, pulse, respiration | 체온, 맥박, 호흡 |

## U

| UA | urinalysis | 소변검사, 검뇨 |
|---|---|---|
| UC | ulcerative colitis | 궤양성 대장염 |
| UE | upper extremity | 상지, 팔 |
| UO | urine output | 요 배설량 |
| URI | upper respiratory infection | 상 기도 감염 |
| US | ultrasound | 초음파 |
| USOH | usual state of health | 평상시 건강상태 |
| UTI | urinary tract infection | 요로 감염 |

## V W X

| VF | ventricular fibrillation | 심실 세동 |
|---|---|---|
| VIP | voluntary interruption of pregnancy | 임신 중절 |
| VS | vital signs | 생명 징후 (맥, 호흡, 체온, 및 혈압) |
| VSS | vital signs stable | 생명 징후 안정 |
| WB | whole blood | 전혈, 완전 혈액 |
| WBC | white blood cell | 백혈구 |
| WNL | within normal limits | 정상범위 |
| WT | weight | 체중 |
| XRT | external radiation therapy | 외부 방사선 치료 |

## Ⅳ 병원과 관련된 각종 부서*(Departments in a Hospital)*

간호사들은 각종 부서에서 각자의 전문화된 훈련을 통해 환자들에게 의료 서비스를 제공합니다. 그럼, 간호사들을 필요로 하는 부서들과 환자 치료를 위한 업종들로는 어떤 것들이 있는지 알아보겠습니다.

아래 사항들은 미국내 상황을 기준으로 다루고 있으며 미국에서 간호사가 되고 싶은 사람들에게 도움을 주기 위한 정보입니다.

### ☐ ER or ED (Emergency Room or Emergency Department): 응급실

Urgent Care Clinic: 긴급한 케어 전문 진료실, 응급실에서 실행하는 즉각적인 치료까지는 아니지만 24시간내에 환자를 진단하고 치료를 긴급하게 필요로 할 때 가는 곳

### ☐ Intensive Care Units: 중환자실

- MICU (Medical Intensive Care Unit): 내과적인 치료를 필요로 하는 환자에게 심도 있는 의료를 제공하는 곳

- SICU (Surgical Intensive Care Unit): 외과적인 치료를 필요로 하는 환자에게 심도 있는 의료를 제공하는 곳

- CCU (Coronary Care Unit) 또는 CICU (Cardiac Intensive Care Unit): 심장에 관련된 증세 (심장마비, 심장질환, 또는 심장 수술 등)가 있는 환자에게 심도 있는 의료를 제공하는 곳

- CTICU (Cardiothoracic Intensive Care Unit): 심장, 폐, 그리고 가슴 질환에 관한 치료를 필요로 하는 환자에게 심도 있는 의료를 제공하는 곳

- LTAC (Long Term Acute Care): 오랜 기간 위중한 증세가 있는 환자가 장기간 머물면서 치료를 받는 곳

- NICU (Neonatal Intensive Care Unit): 신생아 중환자에게 심도 있는 의료를 제공하는 곳

- PICU (Pediatric Intensive Care Unit): 아동 중환자들에게 심도 있는 의료를 제공하는 곳

- TICU (Trauma Intensive Care Unit): 심하게 상해를 입은 중환자에게 심도 있는 의료를 제공하는 곳

- Palliative Care: 완화 치료는 환자가 중증질환(암, 심장질환, 만성 폐질환, 치매 등)을 앓고 있을 경우, 치료와 통증 완화를 통하여 환자와 그 가족의 삶의 질을 향상시키기 위한 곳

- Hospice Care: 호스피스 케어는 심각한 질환으로 임종이 임박한 환자, 주로 6개월 이내에 임종할 것 같은 경우의 환자가 입원하는 곳으로, 치료는 중단하고 환자와 그 가족의 편안함을 제공하며, 환자에게는 통증 완화를 통하여 남아있는 삶의 질을 극대화시키기 위한 곳.

- POCU (Pre Operative Care Unit): 수술 전 환자들이 케어를 받는 곳

- OR (Operating Room): 수술실

- RR (Recovery Room) or PACU (Post Anesthesia Care Unit): 회복실

- SDUs (Step-Down Units): 중환자실에서 요구되는 집중 치료 상태에서는 벗어났으나 환자를 일반병실로 옮기기에는 병세가 아직 안정이 되어있지 않아서 일반병실로 옮기기 직전에 이곳에 잠시 머무르면서 치료를 받게 하는 곳

- Subacute care facility: 아급성 케어 시설은 환자가 급성질환, 상해, 또는 중증 질환 상태에 놓여 있어서 복합적인 치료가 필요할 경우 머무는 곳.

- The floor: 각 층마다 내과 외과 등 다른 종류의 부서들이 있고 환자들은 이곳에 입원해서 치료받는 곳

- Clinics: 각종 치료를 위한 진료실

- LDR (Labor, Delivery, & Recovery): 분만실

- SNF (Skilled Nursing Facility): 24시간 간호가 필요하고 또한 재활치료가 필요한 경우에 입원하는 곳. 각종 치료로는 언어치료와 물리치료 그리고 각종 특수 치료 tracheostomy care, intravenous treatment, wound care, tube feeding 등이 있으며 알츠하이머 프로그램을 제공하기도 한다.

- Nursing Home: 양로원은 병원에서의 치료는 필요치 않으나 나이에 구애없이 하루에 24시간 훈련된 간호가 필요한 경우와 간호 보조 서비스가 필요할 때 머무는 곳. 일부 기관에서는 알츠하이머 치매 환자가 머물기도 한다.

- Memory Care Center: 알츠하이머 치매나 다른 형태의 치매 환자가 장기간 머물면서 훈련된 간호 서비스를 받는 곳.

# V 간호사의 직업 종류들(*Career Options for Nurses*)

간호사들은 국가고시를 통해 간호사 면허증 RN license를 받은 후 다양한 분야에서 일을 합니다. 어느 정도 경험이 쌓이면 좀더 세분화된 전문 분야에서 일을 하고 싶어질 때가 있는데 그런 경우, 그 분야에 해당하는 추가 교육과 훈련을 통하여 다양한 인증서(certification)를 받고 그 분야에서 일을 하게 됩니다.

그러면 간호사들이 종사하는 각종 분야들은 어떤 것들이 있는지 알아보겠습니다.

- Staff Nurse: 스텝 간호사는 일반 병실에서 환자에게 필요한 간호를 제공한다.
- Acute Care Nurse: 급성 질환이 있는 환자를 간호하기 위해서는 많은 지식을 필요로 한다. 예를 들면, 수술 전후의 환자 간호나 진단적 그리고 치료적 과정을 수행함에 있어서 응급상황이 발생할 경우 신속히 대응을 한다. 그럴 경우 우선 환자의 상태를 파악하고 진단하며 심폐소생 같은 응급 조치도 시행할 수 있어야 한다.
- Burn Unit Nurse: 화상 전문 간호사는 화상을 입은 환자가 순조롭게 치료를 받을 수 있도록 치료과정에 참여하고 간호를 한다.
- Clinical Research Nurse: 임상연구 전문간호사는 연구에 중요한 일원으로 참가하여 참가자들의 안전과 그에 필요한 간호를 한다. 그와 동시에 그들에게서 받은 의학적 자료를 관리하고 기록한다. 연구과정 시술로는 약물 조사, 시험적 또는 조사를 위한 시술(수술적 또는 방사선적)을 포함하며 그 외의 연구에 필요한 다른 업무도 수행한다.
- Clinical Case Manager: 임상 케어매니저는 환자 간호와 임상에서 일어나는 일들을 총괄하고 관리한다.
- Clinical Nurse Specialist: 임상에서의 간호전문가가 되기 위해서는 추가적 교육이 필요하며 상담 서비스와 환자 간호를 제공한다. 그 역할에는 연구, 직원교육, 관리, 그리고 행정 업무도 포함한다.
- Diabetes Management Nurse: 당뇨관리 간호사는 교육을 통해 당뇨환자의 상태를 관찰하며 당뇨환자를 체계적으로 관리한다.
- Dialysis Nurse: 신장투석 간호사는 신장투석 환자의 간호, 관리, 그리고 가정에서 사용하는 투석기 사용에 관한 교육을 담당한다.

- ER Nurse: 응급실 간호사는 응급환자가 응급실에 들어올 경우 환자의 상태를 파악한다. 환자의 위급한 상태가 안정이 되면 다른 부서 즉 수술실, 중환자실, 또는 일반 병실로 옮기거나 환자의 집으로 보내질 때까지 환자를 간호한다.

- Nurse Administrator: 간호 행정 간호사는 간호사를 고용하고 훈련하는 역할과 동시에 간호사나 다른 팀의 감독 역할도 한다.

- Home Health Nurse: 가정방문 간호사는 간호사가 환자의 집을 방문하여 환자에게 의료 서비스를 제공하고 환자가 스스로 독립생활을 할 수 있도록 돕는다. 간호사의 역할 중에는 혈관주사와 상처치료 등이 있으며 환자의 의사에게 환자의 건강상태를 보고한다.

- Hospice Nurse: 호스피스 간호사는 임종을 앞둔 환자 간호와 더불어 환자의 보호자와도 대화를 하며 환자가 편안하게 남아있는 삶을 누리는 과정에서 의료 전문인으로서의 역할을 담당한다.

- Legal Nurse Consultant: 법률과 의료 분쟁 사이에서 간호사는 컨설턴트로 일하며 가교 역할을 한다. 법적인 문제가 발생하면 의료기록을 받고 분석해서 본인의 의견을 첨부하여 관련 부처에 보고한다.

- Labor & Delivery Nurse: 분만실 간호사는 분만에 관한 환자 케어와 분만 후 산모의 심리사회적 문제점 해소와 교육에도 참여한다.

- Medical Case Manager: 메디칼 케이스 매니저는 여러 기관에 속해서 복합적인 업무를 다루고 있다. 주요 업무는 환자의 건강상태와 증세의 진전 상태를 파악하고 가장 경제적이고 효과적으로 계획된 결과물을 가져오기 위해 환자의 치료과정을 계획하고 관리한다. 환자와 환자 가족의 교육을 통하여 환자의 건강 회복과 재활이 잘 이루어질 수 있도록 하는 역할도 담당한다. 또한 퇴원 계획 담당자(discharge planner)로서의 역할도 한다. 환자가 병원에서 퇴원을 할 경우 병원에서 그 다음 단계의 다른 기관으로 옮겨갈 때나 증세가 좀 더 나아져서 집으로 퇴원할 때 순조롭게 일이 진행되도록 중재 역할을 한다.

- Nursing Informatics Specialist: 간호 정보 전문간호사는 환자 간호를 증진시키기 위해 자료, 정보, 그리고 연구에 해당하는 지식을 체계적으로 관리하고 의사와 다른 간호사들과 함께 주기적으로 여러 정보들을 공유한다. 그리고 임상 정보 시스템을 개발한다.

- Nurse Midwife: 조산원 역할을 하는 간호사는 산전 간호와 출산에 관련된 일을 한다.

- Nutrition & Fitness Nurse: 영양 및 운동전문간호사는 스파나 헬스클럽에서 일하며 환자의 수술 후 회복과정에서의 영양식이나 운동 그리고 스트레스 관리를 통하여 고객 또는 환자의 건강 증진을 다룬다.

- Nurse Practitioner: NP라고 줄여서 일컫는 널스 프랙티셔너(간호사 출신 진료 전문가)는 추가적인 교육을 통하여 관련 분야에 관한 면허를 받고 내과, 외과, 소아과 등 여러 전문 분야에서 전문인으로서 일을 한다. 각종 검사와 약을 처방할 수 있으며 환자를 진찰, 진단, 치료를 한다.

- Nurse Anesthetist: 마취과 간호사는 마취제를 투여할 수 있고 수술 동안 환자의 폐와 심장 활동을 파악하고 관찰하며 환자가 마취에서 잘 회복하고 있는지를 살핀다.

- Occupational Health Nurse: 회사 내에서 근무하는 간호사는 직무상 입은 상해 문제를 처리하고 상해의 예방과 사후 조사를 담당한다.

- Oncology Nurse: 항암치료 간호사는 항암제 투여와 환자가 약물에 잘 적응하고 있는지를 관찰한다. 환자 케어 계획을 세우며 환자와 그 가족에게 필요한 지원이 무엇인지를 알아보고 지원을 할 수 있게끔 한다.

- Organ Procurement Nurse: 장기 제공 업무 전담간호사는 장기를 제공하는 기증자를 보살피고 장기기증을 위한 수술과 수술 후 회복과정을 살핀다. 그리고 사자(死者) 장기 기증의 경우 그 가족들의 슬픔까지도 보살핀다. 또한 장기 수혜자를 찾는 일, 그리고 수술실에서 장기 기능 유지를 위한 업무도 담당한다.

- Outpatient Care Nurse: 외래 케어간호사는 외래환자의 치료에 관여하며 수술이나 시술 전후 과정에서 환자의 건강과 편안함을 유지하도록 살핀다.

- Pediatric Nurse: 소아과 간호사는 신생아에서부터 사춘기 아동들을 대상으로 여러가지 간호업무를 담당한다.

- Perioperative or Operating Room(OR) Nurse: 수술 전 또는 수술실에서의 간호사의 역할은 환자가 수술을 받을 수 있도록 준비하고 수술 과정 동안과 수술 후에 관련한 업무를 담당한다.

- Pharmaceutical Research Nurse: 제약회사 연구간호사는 임상시험에 참가한 참가자들이 약물에 잘 적응하고 있는지 관찰하고 기록한다

- Plastic Surgery Nurse: 성형수술 전담간호사는 직원과 외과의사와 상호 협력하며 환자가 시술 전후 거쳐야 하는 여러 과정의 간호를 담당하며 환자 교육도 한다.

- Prison Nurse: 교도소 간호사는 감옥 안에서 수감자를 치료하고 건강을 살피며 필요한 응급 시술도 한다.

- Psychiatric Mental Health Nurse: 정신건강 전문간호사는 정신과적 장애가 있는 환자를 정신병원에서 돌보거나 환자 가정을 방문하여 정신건강 전문인으로의 업무를 담당한다.

- Public Health Nurse: 공중 보건 간호사는 지역사회에 거주하는 환자의 가정을 방문하며 환자와 가족의 건강 유지를 위해 상담과 교육을 병행한다. 필수 공중 보건 서비스를 제공하기 위해 지역사회에서 제공되는 사회관계망을 알아보고 연결하는 역할도 한다. 또한 보건교육을 통하여 질병예방에 힘쓴다.

- School Nurse: 양호 교사는 학교 내에서 학생들이 사고를 당했을 때 응급조치를 하고 정기적인 건강 평가를 관장하며 질병의 예방과 건강 상태를 점검하고 건강 교육도 한다.

- Toxicology Nurse: 독극물 전문간호사는 독극물 처리 관청과 긴밀히 협력하며 일한다. 독극물이나 독소에 노출된 환자를 관찰하고 관리하며, 환자의 상태 파악과 치료를 추천하고, 신속하게 병원에 이송하도록 힘쓰며, 환자의 교육과 지속적인 평가를 제공한다.

- Transplant Nurse: 장기이식 전담간호사는 장기이식에 필요한 사항을 관장한다. 장기이식을 기다리는 환자의 검사와 예약 업무를 돕고, 환자와 가족에게 장기이식 과정을 안내하고, 환자의 회복을 위한 치료적 계획을 세운다. 또한 이식에 관한 상담과 교육을 담당하고 그에 해당하는 전반적 과정이 원활히 이루어지도록 역할을 다한다.

- Travel Nurse: 출장간호사는 미국 내에서 또는 국제적으로 여행을 하면서 본인의 전문 의료 및 간호업무를 수행한다. 주로 에이전시를 통하여 계약을 맺고 지정된 여러 도시의 병원이나 클리닉에서 간호 업무를 수행한다.

- Utilization Review (UR) Nurse: UR nurse라고 불리우는 특수한 간호사는 환자에게 불필요하거나 중복된 치료를 사전에 예방해서 비용을 절감함과 동시에 환자에게 적절한 치료가 제공될 수 있도록 책임을 다하며 업무를 수행한다.

- Vaccine Research Nurse: 백신 연구 전문간호사는 백신에 관련된 연구 과제를 계획, 실행, 그리고 평가한다. 이러한 특수직 간호사는 연구 방법론을 잘 적용할 수 있도록 특별훈련을 받아야한다.

- Wound Care Nurse: 상처치료 전문간호사는 환자 상태를 평가하고 복잡한 상처를 치료하는 전문 업무를 수행한다. 앞으로 발생할지 모르는 감염이나 상처를 예방하기 위해 각 환자에게 적합한 치료계획을 환자 케어 팀과 의논하고 협력하며 일한다.